W0385415

Albert Schmelzer

Wer Revolutionen machen will …

Menschenkunde und Erziehung

86

Schriften der Pädagogischen Forschungsstelle
beim Bund der Freien Waldorfschulen

Albert Schmelzer

Wer Revolutionen machen will ...

Zum Geschichtsunterricht der 9. Klasse

Verlag Freies Geistesleben

Über den Autor:
Dr. Albert Schmelzer, geboren 1950, unterrichtete an der Freien Waldorfschule Mannheim Geschichte, Deutsch und Kunstgeschichte, zurzeit ist er als Dozent an der Freien Hochschule für anthroposophische Pädagogik in Mannheim tätig.

ISBN 3-7725-1686-6

1. Auflage 2000
Verlag Freies Geistesleben
Landhausstraße 82, 70190 Stuttgart
Internet: www.geistesleben.com

© 2000 Verlag Freies Geistesleben & Urachhaus GmbH, Stuttgart
Einband: Thomas Neuerer unter Verwendung folgender Motive:
Gandhi, Rosa Luxemburg (© Ullstein), Nationalversammlung und Paulskirche in Frankfurt am Main (© AKG).
Druck: Offizin Chr. Scheufele, Stuttgart

Inhalt

Vorbemerkung

Das vorliegende Buch enthält Anregungen zum Geschichtsunterricht in der 9. Klasse an Waldorfschulen; es ist entstanden aus einer langjährigen Unterrichtspraxis in der Schule wie in der Lehrerbildung und versucht, besonders jungen Kolleginnen und Kollegen Hilfen zur Unterrichtsvorbereitung und -durchführung zu geben.

Während das erste Kapitel grundsätzliche Fragen der Geschichtsauffassung und Unterrichtsmethodik behandelt, wird im zweiten Kapitel, ausgehend von menschenkundlichen Aspekten des Jugendalters, der Unterricht der 9. Klasse in den Zusammenhang des gesamten Oberstufenlehrplans für die Fächer Deutsch und Geschichte gestellt. Damit ist eine Grundlage geschaffen für das dritte Kapitel, welches einen Überblick über den Aufbau und die Inhalte der Geschichtsepochen der 9. Klasse enthält. In Teil II schließen sich exemplarische Darstellungen einzelner Unterrichtsgebiete an. An herausragenden Persönlichkeiten wird das Ringen um die neuzeitlichen Sozialimpulse Freiheit, Gleichheit und Brüderlichkeit in den liberalen, demokratischen und sozialistischen Bewegungen nachgezeichnet. Im Anhang finden sich Hinweise auf Quellen (Q) und Literaturangaben.

Die Ausführungen ergänzen den Gesamtüberblick zum Geschichtsunterricht für die Klassen 5 bis 12 von Christoph Lindenberg, *Geschichte lehren. Thematische Anregungen zum Lehrplan,* Stuttgart [2]1991. Sie erheben in keiner Weise den Anspruch, Unterrichtsinhalte und Methoden kanonisch festzulegen; vielmehr stellen sie eine Möglichkeit vor, wie der Geschichtsunterricht in einer 9. Klasse gestaltet werden kann.

Mannheim, Herbst 1999 *Albert Schmelzer*

I. Überlegungen zu Methoden und Unterrichtszielen

1. Geschichtswirklichkeit und Methodik – Symptom, Bild und Begriff

Warum eigentlich beschäftigen wir uns mit Geschichte, und was ist der Sinn des Geschichtsunterrichts? Die landläufige Antwort ist schnell gegeben: Das Geschichtsstudium dient der Erkenntnis von Vergangenem, und der Unterricht hat das Ziel, eben dieses Wissen von Vergangenem zu vermitteln. Denn an welche Fähigkeit appelliert der Lehrende, wenn er Fragen stellt wie diese: Wer bildete zusammen mit Cäsar das Triumvirat? Wann war der Augsburger Religionsfriede? Was verstehen Sie unter einem Rätesystem? Er wendet sich an früher erworbenes, jetzt abrufbares Wissen: Im Idealfall taucht die Vorstellung von Pompejus und Crassus auf, das Gedächtnis liefert die Jahreszahl 1555, und der Begriff Rätesystem erschließt sich durch sein wesentliches, einmal erlerntes Merkmal: das imperative Mandat.

So selbstverständlich eine solche Sicht von Geschichtsunterricht zunächst erscheinen mag, so einseitig ist sie, und wenn die nur kognitiven Unterrichtsaspekte gar zum Programm erhoben werden, führt das zu Langeweile bei Schülerinnen und Schülern und, damit verbunden, zu dem inzwischen eingetretenen Verlust an Beliebtheit des Geschichtsunterrichts.[1] Wie könnte eine andere, umfassendere Konzeption dieses Faches aussehen?

Ein Ausgangsbeispiel: Weckzeremonie unter Ludwig XVI.

Ein Beispiel mag den Ausgangspunkt der Erörterung bilden. Wenn bei der Behandlung der Französischen Revolution der Absolutismus besprochen wird, so wird eine vorwiegend kognitiv orientierte Pädagogik einen schnellen Weg zur Begriffsbildung suchen und eine Definition herausarbeiten, die etwa wie folgt lauten könnte: «Nach der Auffassung, dass die königliche

Gewalt unumschränkt, absolut sei, nennt man die von Ludwig XVI. ausgeübte und dann von vielen Fürsten nachgeahmte Regierungsform ‹absolute Monarchie›. Kennzeichnend für den Absolutismus ist, dass alle Gewalt im Staate allein dem rechtmäßigen Herrscher zusteht und von ihm ausgeht.»[2] Anders aber wird vorzugehen sein, wenn man Wert legt auf ein tieferes Erleben der historischen Ereignisse und Zusammenhänge. Denn dann wird es zunächst darum gehen, durch die möglichst plastische Schilderung einzelner Szenen, Abläufe und Gestalten ein facettenreiches Bild des Absolutismus so zu malen, dass die Schüler Lust bekommen, in das Geschilderte einzutauchen. Zur Veranschaulichung sei eine besonders eingängige Szene herausgegriffen: die Weckzeremonie unter Ludwig XVI.[3]

Die Darstellung kann ihren Ausgang nehmen von einer detaillierten Beschreibung des Schlosses von Versailles (s. Abb. 1, S. 34), um dann vielleicht so fortzufahren: Die Parkettböden der Galerien spiegeln die fröhlichen Fresken des Deckengewölbes wider, durch die großen Rundbogenfenster flutet das Licht herein und bricht sich in den Spiegeln der gegenüberliegenden Wände. Durch diese festlichen Galerien schreitet allmorgendlich eine Prozession von Pagen, Dienern und Lakaien, Comtessen, Marquisen und Baronessen, von Herzögen, Äbten, Bischöfen und Ministern – ein funkelnder Aufzug des Adels der Nation. An der Galerie, welche zu den persönlichen Gemächern seiner Majestät, des Königs, führt, beginnt das Herrschaftsgebiet des Großkämmerers Herrn de Brezé, und es ist nur eine galante Geste von ihm, wenn er einer der Damen den Vortritt lässt. Plaudernd und lachend folgen die Herrschaften nach. Vor der Tür des Schlafzimmers wartet bereits eine zweite Gesellschaft, die diesen geheiligten Ort auf einem anderen Wege erreicht hat; es handelt sich um das Gefolge des Großmeisters der Garderobe: um die Schneider, Perückenmacher, Wäscherinnen, Büglerinnen, Laternenanzünder und Barbiere, kurz, um all diejenigen, welche die Auszeichnung genießen, seiner Majestät persönlich zu dienen.

Monsieur de Brezé stößt mit seinem Elfenbeinstab, an dessen Spitze ein faustgroßer Saphir funkelt, zweimal auf das Parkett – von unsichtbaren Händen geöffnet, schwingen die golddüberzogenen Türflügel des königlichen Schlafgemaches auf. Alle Blicke richten sich auf die gegenüberliegenden Wände, wo auf einem hohen Podest unter einem Baldachin das Bett des Königs steht. Seine Majestät ruht in einem weißseidenen Nachthemd unter einer bestickten Daunendecke. Ludwig XVI. wirkt, obwohl er erst 34 Jahre alt ist, ziemlich behäbig. Sein gutmütiges, noch ein wenig verschlafenes Gesicht mit den hängenden Augenlidern und dem Ansatz eines Doppelkinns ist alles andere als majestätisch; die dünnen Haare hängen ungepudert und strähnig herab. Die Hofgesellschaft versinkt in eine tiefe Verbeugung und entbietet den Morgengruß, den der König gnädigst erwidert.

Nun beginnt die Morgentoilette und Bekleidungszeremonie, die sich bis um elf Uhr hinzieht; sie kann mit parodistischem Geschick detailliert und humoristisch geschildert werden, wobei nicht unerwähnt bleiben sollte, dass der König sich schlussendlich nach dem Tagesprogramm erkundigt und sehr froh ist, dass nur der Besuch einer Theateraufführung am Abend geplant ist, hat er doch auf diese Weise Zeit, ein wenig seiner Liebhaberei – dem Schlosserhandwerk – nachzugehen.

Was tritt mit einer solchen Szene, vorausgesetzt, es gelingt, sie lebendig und eindringlich darzustellen, vor die Schülerinnen und Schüler hin? Die Geschichte, so viel lässt sich sicher sagen, kommt näher an die Jugendlichen heran – und sie erweist sich als vielschichtiges, komplexes Phänomen.

Zur Komplexität von Geschichte

Eine erste Schicht der Geschichte betrifft ihre Außenseite: Bestimmte Ereignisse spielen sich an bestimmten Orten zu einer bestimmten Zeit ab. Aber dieses äußere Gerüst umschließt eine zweite Schicht: die der wirkenden Kräfte, welche im Handeln der Personen und den Bedingungen ihres Handelns – etwa den sozialen und ökonomischen Verhältnissen – leben. Darüber hinaus gibt es als dritte Ebene die seelische Tingierung, die Emotionalität, die bei einer Szene, Person oder auch Zeitepoche mitklingt. Schließlich verweist die Frage nach dem Ursprung der wirkenden Kräfte auf eine vierte, geistige Dimension: Sie betrifft die eigentliche Impulsierung von Geschichte – und die erschöpft sich nicht in den bewussten Motiven menschlichen Handelns. Gerade die geschilderte Szene zeigt, wie in der Zentrierung auf eine Einzelpersönlichkeit etwas auftritt, was sich nicht nur in Frankreich und gleichzeitig im preußischen oder russischen Absolutismus ausbildet, sondern auch in der Zentralperspektive der Malerei oder in der Betonung des Ich-Bewusstseins in der Philosophie eines René Descartes, was also offensichtlich Ausdruck einer übergreifenden Zeitgeistigkeit ist.

Um das Erfassen der eigentlichen Wirklichkeit von Geschichte und damit der angedeuteten Schichten ist gerungen worden, seitdem es eine Reflexion über Geschichtsschreibung gibt.[4] Dabei hat sich im 19. Jahrhundert mit der

Entstehung der modernen Geschichtswissenschaft die Tendenz durchgesetzt, ältere geschichtsphilosophische und idealistische Ansätze zurückzudrängen und im Sinne einer naturwissenschaftlichen Orientierung Geschichtsforschung auf das kritisch-empirische Erfassen des faktisch Gegebenen auszurichten. In der Folgezeit sind zahlreiche Anstrengungen unternommen worden, einerseits die Notwendigkeit der Empirie zu würdigen, andererseits aber den drohenden Reduktionismus auf eine bloße Chronologie zu überwinden: Sozialgeschichtliche Ansätze haben auf die Bedingungen, bewusstseinsgeschichtliche auf die Motive menschlichen Handelns aufmerksam gemacht; gleichzeitig ist die Berechtigung künstlerischer Geschichtsdeutungen, wie sie im historischen Drama und Roman vorliegen, bewusst geworden. Mentalitätsgeschichtliche Untersuchungen haben zudem auf die langfristige Veränderung von tief sitzenden Einstellungen – etwa zur Frömmigkeit oder zum Tod – hingewiesen; damit stellt sich die Frage nach den Ursachen solcher Umschwünge. Im Kontext dieser Beobachtungen und Fragestellungen kann sich der Blick öffnen für eine zunächst ungewohnte Schicht historischer Betrachtung, auf die Rudolf Steiner in zahlreichen Vorträgen hingewiesen hat und die als vierte Dimension der Geschichte gekennzeichnet worden ist: das Hereinwirken geistiger Wesen in den Geschichtsverlauf.

Die Analyse der universalgeschichtlichen Entwicklung vermag eine solche Sicht zu vertiefen. Ausgrabungen und Dokumente zeigen, dass zu gewissen Zeiten, unabhängig voneinander, Innovationen in die Menschheitsgeschichte eingeflossen sind. Etwa gleichzeitig fand an Euphrat und Tigris, am Indus und am Hoangho die Städtegründung statt, etwa gleichzeitig vollzog sich der Übergang von einem mythischen zu einem denkerischen Bewusstsein. In der von Karl Jaspers so genannten «Achsenzeit» wirkten in China Laotse und Konfuzius, in Indien Buddha, im Iran der jüngere Zarathustra, in Palästina die Propheten Elias und Jesaja, und in Griechenland traten die Philosophen Heraklit und Platon auf.[5] Ebenso wurde um 1400 die europäische Menschheit von einer neuen Geistigkeit erfasst: Das erwachende Selbstbewusstsein fand seinen Ausdruck in der Perspektive und den Porträts der Renaissance, im Humanismus und in der wissenschaftlichen Methode von kontrollierter Beobachtung und Experiment.[6] Alle diese Erscheinungen können als «Symptome» geistiger Wirksamkeit betrachtet werden; ein Symptom ist – wie es Christoph Lindenberg in Anknüpfung an Ausführungen Rudolf Steiners einmal formuliert hat – «der äußere Ausdruck eines übersinnlichen Vorgangs».[7]

Das Bewusstwerden geistiger Wirksamkeiten in der Geschichte hat nun nicht, wie die vorangehenden Ausführungen suggerieren könnten, fachwissenschaftliche Spezialuntersuchungen zur Voraussetzung, sondern ergibt sich auch aus einem wachen Miterleben der Zeitgeschichte. Der Verlauf des 20. Jahrhunderts mit Totalitarismen und Terror, Völkervernichtung und Kriegen hat, bis hin zu den jüngsten Brutalitäten auf dem Balkan, erschütternd gezeigt, dass es Ereignisse gibt, die sich der Kategorie dessen entziehen, was normalerweise als menschenmöglich gelten kann; in diesem Zusammenhang hat man von dem Eingriff des Bösen und Dämonischen, man hat von der Besessenheit einzelner und ganzer Völker gesprochen.

Eine solche Sichtweise ist nicht in Verbindung zu bringen mit dem Freisprechen der Akteure von ihrer Verantwortung, vielmehr lenkt sie die Aufmerksamkeit darauf, dass es individuelle wie kollektive Bewusstseinstrübungen gibt, die Einfallstore negativer Wesen und ihrer Wirkung sein können. Ebenso wird man Persönlichkeiten finden, die gerade in der Hölle äußerster Inhumanität im Sinne eines Aufstands des Gewissens gewirkt und sich durch Gebet und Meditation bewusst einer positiven Geistigkeit geöffnet haben. Wie auch immer man die angedeuteten Phänomene persönlich werten und beurteilen mag – eine zeitgemäße Geschichtsauffassung wird nicht an ihnen vorübergehen können.

Damit lassen sich die bisherigen Überlegungen zusammenfassen. Eine symptomatologisch orientierte Geschichtsbetrachtung, so ist angedeutet worden, versucht, einen möglichst umfassenden Blick für die geschichtliche Wirklichkeit zu gewinnen; neben die Betrachtung des durch geografische, klimatische oder ökonomische Verhältnisse bedingten Handelns und der freien menschlichen Tätigkeit tritt das künstlerische Einleben in das Atmosphärische einer Epoche oder Persönlichkeit sowie die Aufmerksamkeit auf das Wirken geistiger Wesen, die – etwa über Einfälle, Visionen, Träume oder auch pathologische Bewusstseinstrübungen – den Geschichtsverlauf mit beeinflussen.

Die Bedeutung des Bildes

Für den Unterricht ist nun wichtig, sich zu vergegenwärtigen, in welcher Weise ein solches komplexes Geschichtsverständnis vermittelt werden kann. Das eingangs angeführte Beispiel weist die Richtung: Die Geschichtserzählung tritt gleichwertig neben die Methoden von Texterfassung und Quellenanalyse. Denn Anschaulichkeit, Konkretheit und Vorstellbarkeit sind nicht

Gegensätze zu begrifflicher Durchdringung, sondern geradezu deren Voraussetzung. In diesem Zusammenhang ist interessant zu beobachten, wie in der geschichtsdidaktischen Diskussion nach der pauschalen Ablehnung des Erzählens in den siebziger Jahren inzwischen die Rehabilitation eines «narrativen» Geschichtsunterrichts stattfindet.[8] Dabei ist auf den fundamentalen Unterschied zwischen sprachlich vermitteltem Bild und Fernseh-Bild hingewiesen worden: Über das Wort wird die innere Imaginationsfähigkeit aufgerufen, das fertig gelieferte Fernsehbild lähmt sie ab. Der Geschichtsdidaktiker Rolf Schörken schreibt dazu: «Das kreative Vermögen unserer Imagination ... wird bei dem Anschauen von (bewegten) Bildern nicht herausgefordert. Die fertigen Bilder machen die innere Vorstellung überflüssig, Vorstellungsbilder werden nicht mehr abgerufen. Individuelle Kräfte aber, seien sie körperlicher oder geistiger Art, die in der Jugend über lange Zeit hinweg nicht gefordert werden, werden nicht voll ausgebildet. Das Ergebnis sind bestenfalls fantasielose Pragmatiker.

Wenn man sich heute so äußert, braucht man längst nicht mehr den Vorwurf der Übertreibung zu fürchten. Das Hauptproblem des Unterrichtens an allen Schulformen und in fast allen Altersstufen und Fächern bildet heute die Dauerunruhe und die Konzentrationsunwilligkeit oder gar -unfähigkeit. Hier liegt die Ursache dafür, dass das pädagogische Geschäft so unerfreulich und der Lehrerberuf so anstrengend geworden ist. Offenkundig ist bei dieser Verhaltensänderung ganzer Schülerpopulationen neben vielen anderen Faktoren auch eine Art Unterernährung der imaginativen Kräfte im Spiel. In einer unruhigen Schulklasse kann ein Lehrer, der gut erzählen kann, verblüffend rasch Ruhe und Aufmerksamkeit schaffen. Er braucht eigentlich nur anzufangen, und nach dem zweiten oder dritten Satz kann man eine Stecknadel fallen hören. Es ist, als ob die Schüler ausgedörrt danach seien, zuzuhören und – so würde ich jetzt gemäß meiner Theorie fortfahren – ihre eigene Vorstellungskraft spielen lassen zu können, denn dies bereitet einen besonderen Genuss.»[9]

Bemerkenswert an einer solchen Äußerung ist neben der unmittelbaren Praxisnähe der Hinweis auf den Zusammenhang von störendem Schülerverhalten und mangelnder Herausforderung ihrer Fantasiekräfte. Es lohnt sich, diese Korrelation genauer zu untersuchen, öffnet sie doch den Blick für ein generelles Bedürfnis vieler Schülerinnen und Schüler: Sie geben sich nicht damit zufrieden, intellektuelles Wissen anzuhäufen, sie möchten vielmehr zu einem intensiveren Welterleben angeregt werden. Auf der Folie einer solchen Beobachtung erscheint aufschlussreich, dass Rudolf Steiner im Blick auf das

20. Jahrhundert auf einen tiefgreifenden Wandel in der geistigen Konstitution des Menschen hingewiesen hat. Die Entwicklung der Intellektualität in den letzten drei bis vier Jahrhunderten – so Rudolf Steiner – war verbunden mit «bildlosen Kräften», welche die sich inkarnierenden Seelen aus dem Vorgeburtlichen mitbrachten; diese Kräfte führten zur Fähigkeit des abstrakten Denkens und erzeugten in dem Maße ein helleres Selbstbewusstsein, wie der Mensch sich durch die abstrahierende Tätigkeit vom unmittelbaren Erleben der Welterscheinungen abgrenzte. Die dadurch errungenen Fähigkeiten einer konturierten, gedächtnismäßig reproduzierbaren Vorstellungsbildung und scharfer begrifflicher Analyse haben die moderne Zivilisation begründet und können weiterwirken, reichen aber nicht aus. Denn in der Zukunft wird es notwendig sein, nicht nur ein reflektierend Geistiges, welches das Gewordene spiegelt, im Inneren zu erleben, sondern ein Geistiges, das schaffend tätig ist. Grundlage dieser neuen Geistigkeit ist die Begabung mit bildschaffenden Kräften, die seit dem 20. Jahrhundert in den Seelen veranlagt sind. Im Vortrag vom 11.9.1920, in dem Rudolf Steiner das Angedeutete ausführt, heißt es: «… und jetzt beginnt – und darin liegt vielfach der Grund für das Stürmische unserer Zeit – jetzt beginnt die Zeit, in welcher die Seelen aus der geistigen Welt, indem sie durch die Empfängnis und durch die Geburt zum irdischen Leben heruntersteigen, sich Bilder mitbringen».[10]

Was ist mit diesen «Bildern» oder – wie etwas später formuliert wird – mit diesen Kräften der «verbildlichenden Darstellung»,[11] die nicht nur vom Ich erfasst, sondern von der Fülle seelischen Erlebens ergriffen sein wollen, gemeint? Eines wird aus dem Kontext unmittelbar deutlich: Es handelt sich nicht um «Abbilder» des Gewordenen, sondern um schaffende, gestaltende Kräfte, um Willenskräfte, welche zu Fantasie- und Imaginationsfähigkeit führen. Wenn nun diese Kräfte, etwa durch einen langweiligen, zu abstrakten Unterricht, nicht beansprucht werden, suchen sie sich ein Ventil: Die von Rolf Schörken erwähnte «Dauerunruhe» in den Klassen ist eine der Folgen. Doch stellt sich darüber hinaus die Frage, ob nicht die Gewaltproblematik der Gegenwart hier eine ihrer Wurzeln hat. Steckt hinter der Randale mancher Jugendlicher nicht auch die tiefe Enttäuschung an einer allzu abstrakten Welt, in der sie nur auf Scheinerlebnisse treffen? Rudolf Steiner jedenfalls hat unmittelbar im Anschluss an die vorangegangenen Überlegungen auf eine solche Perspektive hingedeutet: Willenskräfte, die sich nicht seelisch betätigen können, leben sich körperlich als Brutalität aus. «Verloren gehen diese Kräfte nicht, sie breiten sich aus, sie gewinnen Dasein, sie treten doch in die Gedanken, in die Gefühle, in die Willensimpulse hinein. Und was entstehen daraus für Menschen? Rebellen, Revolutionäre, unzufriedene Menschen, Menschen, die nicht wissen, was sie wollen, weil sie etwas wollen, was man nicht wissen kann, weil sie etwas wollen, was mit keinem möglichen sozialen Organismus vereinbar ist, was sie sich nur vorstellen, was in ihre Fantasie hätte gehen sollen, da nicht hineingegangen ist, sondern in ihre sozialen Treibereien hineingegangen ist.»[12]

Es sei versucht, die bisherige Gedankenbewegung zusammenfassend nachzuzeichnen. Die Frage nach der Überwindung eines einseitig kognitiv orientierten Geschichtsunterrichts führte zunächst zu einer Reflexion über das Wesen von Geschichte überhaupt. Dabei erwies sich Geschichte als ein komplexes Geschehen, in dem mehrere Schichten von Wirklichkeit ineinander spielen: die geografisch und datenmäßig erfassbare Außenseite der Ereignisse in Raum und Zeit, das sich in Auseinandersetzung mit äußeren Bedingungen vollziehende Handeln der historischen Gestalten, die seelische Atmosphäre, welche die Geschichtssubjekte oder Ereignisse charakterisiert, schließlich die geistige Impulsierung von Geschichte. Im Umgang mit der Frage nach dem adäquaten Weg, ein so komplexes Phänomen an die Schülerinnen und Schüler heranzubringen, wurde hingeblickt auf das sprachlich vermittelte Bild: Es ruft, vorausgesetzt, es gelingt dem Unterrichtenden, lebendig zu erzählen, Fantasie- und Imaginationskräfte auf und führt damit über die Anregung zum innerlichen Nachschaffen zum Erleben von Geschichte. Ein solcher Zugang schließt die begriffliche Durchdringung nicht aus, bereitet sie vielmehr vor: Das Bild ersetzt nicht den Begriff, sondern schafft die Grundlage, ihn zu bilden.

Vom Bild zum Begriff – Einübung in lebendiges Denken

Wie dabei im Unterricht verfahren werden kann und welche Überlegungen einer solchen Methodik zugrunde liegen, sei im Folgenden angedeutet.[13] Wiederum kann von dem eingangs vorgestellten Beispiel, der Darstellung der Weckzeremonie unter Ludwig XVI., ausgegangen werden. Nach einer solchen oder ähnlichen Schilderung genügt zumeist schon eine knappe Frage wie etwa «Was fällt euch da auf?», um Schülerreaktionen hervorzulocken; von ihnen ausgehend bietet sich die Möglichkeit, das Herrschaftssystem des Absolutismus von verschiedenen Gesichtspunkten aus zu charakterisieren. Zunächst wird bemerkt werden, wie verschwenderisch die ganze Hofhaltung gewesen sein muss, wenn schon das Wecken so aufwändig war: Rund zwanzigtausend Menschen umfasste der Hofstaat, die Kosten entsprachen dem zehnten Teil des Jahreseinkommens der französischen Nation.

Wirft man sodann die Frage auf, woher das Geld wohl kam, gerät die soziale Ungerechtigkeit in den Blick. Adel und Klerus waren von Abgaben befreit, die Steuerpflicht lastete auf den Schultern des «dritten Standes«, der Bürger und Bauern, dem 98 % der Bevölkerung zuzurechnen waren. Die vorrevolutionäre französische Gesellschaft erscheint als Pulverfass: Die arbeitenden Schichten hatten keinerlei politische Rechte, während die parasitären Gruppen Privilegien wie die Steuerbefreiung, die grundherrliche Gerichtsbarkeit, das alleinige Jagdrecht genossen. Der König aber, darin liegt ein weiterer Aspekt, der sich aus der Schilderung der Weckzeremonie ableiten lässt, war gänzlich unfähig, den dringend notwendigen Wandel einzuleiten: Gutmütigkeit und guter Wille können geistige Kompetenz nicht ersetzen.

Zwei methodische Schritte, die Darstellung und die Charakterisierung, sind damit angedeutet worden; der dritte Schritt der Begriffsbildung sollte sich nun nicht unmittelbar anschließen, sondern erst am nächsten Tag erfolgen, bietet doch der an Waldorfschulen praktizierte «Epochenunterricht», ein Blockunterricht von täglich etwa 1 ¾ Stunden, die Möglichkeit, eine Thematik über mehrere Tage hinweg vertiefend zu behandeln.[14] So kann, wenn beispielsweise die Darstellung und eine erste eher gefühlsmäßige Charakterisierung am Dienstag stattgefunden haben, am Mittwoch im Unterrichtsgespräch versucht werden, einen Begriff des Absolutismus herauszuarbeiten; er wird von den Schülern vielleicht folgendermaßen umrissen werden: Der französische Absolutismus war ein verschwenderisches Herrschaftssystem, das auf einer ungerechten Ständeordnung beruhte; an der Spitze des Staates stand ein König, der mit uneingeschränkter Macht regierte.

Ein solcher Begriff ist umso weniger schematisch und blass, je intensiver er aus historischen Tatbeständen und Symptomen abgeleitet wurde – und er wird mit den sich vermehrenden Kenntnissen und Fähigkeiten der Schülerinnen und Schüler wachsen dürfen. Ein solches Wachstum ist in verschiedene Richtungen denkbar. Es ist möglich, den Begriff geografisch auszuweiten, indem nicht nur der französische, sondern auch der deutsche und russische Absolutismus behandelt und ihre jeweiligen Unterschiede sowie die Differenzen zur englischen Entwicklung besprochen werden. Es ist darüber hinaus fruchtbar, den Begriff kulturell zu vertiefen. Der Absolutismus lässt sich dann als Ausdruck einer Zeitgeistigkeit begreifen, die sich nicht nur auf politischem Felde auswirkt: Auch in der Zentralperspektive und der Architektur, sogar in der Philosophie des 17. Jahrhunderts wird die Tendenz sichtbar, ein «Ich» in den Mittelpunkt zu stellen. Wird nun dieses Selbstbewusstsein demokratisiert, droht eine Revolution – das reale historische Geschehen wird in seiner geistesgeschichtlichen Stringenz erfasst.

Eine weitere Möglichkeit, den Begriff wachsen zu lassen, bietet die chronologische Ausdehnung. Gab es im alten ägyptischen Reich auch so etwas wie Absolutismus? Oder: Waren Gestalten wie Hitler und Stalin nicht auch absolute Herrscher? Wie steht es mit Politikern der Gegenwart? Solche Fragestellungen fordern auf, Bezüge und Differenzen herauszuarbeiten. Zwar gab es auch in Ägypten einen Alleinherrscher, den Pharao, doch war der durch eine spirituelle Schulung auf sein Amt vorbereitet und religiös legitimiert, während der religiöse Hintergrund im abendländischen Absolutismus zur Ideologie verblasst war. Denn wie sonst lässt sich erklären, dass im Versailler Schloss das Schlafzimmer des Königs das Zentrum der Gesamtanlage bildete, während die Schlosskapelle in einen Seitenflügel verbannt war? War der Absolutismus folglich so etwas wie eine Theokratie ohne charismatische Führer?

Ebenso kann der Blick auf das 20. Jahrhundert zu einem interessanten Vergleich führen. Auch Hitler und Stalin waren absolute Herrscher, aber sie waren es – im Unterschied zu den absoluten Königen des 17. und 18. Jahrhunderts – nicht aufgrund einer Erbfolge. Lässt sich der Absolutismus vielleicht als «Diktatur qua Geburt» verstehen?

Die Andeutungen mögen genügen, um aufzuzeigen, worauf es bei der Begriffsbildung ankommt: nicht starre Stereotype zu vermitteln und als totes Wissen speichern zu lassen, sondern einen lebendigen Gedankenprozess anzuregen, der den Begriff einerseits eng an die Erfahrung anschließt und ihn andererseits so lebendig hält, dass durch ihn ein Verständnislicht auf scheinbar weit auseinander liegende Lebensgebiete fallen kann. Genau dieses Einüben von Denkwegen aber erscheint als Herausforderung an die Pädagogik in einer Zeit, in der die Verfügung über abrufbare Information getrost dem Computer überlassen bleiben kann. Schule ist heute nicht aufgerufen, so formuliert es Hartmut von Hentig, die Flucht «aus dem Denken ins Wissen»[15] zu unterstützen, sie ist im Gegenteil gefordert, übend bewusst zu machen, dass «zum Denken auch das Verstehen und Zweifeln und Fragen und Nachdenken gehören».[16]

Im Umsetzen dieses Postulats kann der von Rudolf Steiner angeregte methodische Dreischritt eine Hilfe sein, führt er doch aus der schematischen Definition heraus und in ein wirkliches Erleben der Weltinhalte hinein. Die menschenkundliche Bedeutung eines solchen Ansatzes für die Gegenwart kann noch klarer werden, wenn man sich, einen Moment über das Fach Geschichte hinausgehend, vergegenwärtigt, welche Seelenkräfte die einzelnen methodischen Schritte herausfordern.

Zunächst wird es immer darum gehen, die Schüler so an eine bestimmte Welterscheinung «anzuschließen», dass sie ganzheitlich engagiert sind. Das kann entweder durch eine plastische Schilderung geschehen oder – etwa im Physik- und Chemieunterricht – durch die Wahrnehmung eines Phänomens oder Experiments: Im Beobachten und räumlich-zeitlichen Vorstellen werden die Denk- und Willenskräfte beansprucht, gleichzeitig schwingt im Anklingen von Sympathie und Antipathie das Fühlen mit.

Nachdem auf dieser ersten Stufe, vorausgesetzt natürlich, der Unterricht «kommt an», der ganze Mensch angesprochen worden ist, gilt es, im Anschluss die Eindrücke anfänglich so bewusst zu machen, dass Raum gegeben wird, die Gefühle zu äußern, die sich angesichts des behandelten Phänomens eingestellt haben. Dieser Cäsar war ja wohl von Ehrgeiz besessen, als er den Rubikon überschritten hat! Erstaunlich, dass wir die zwei Halbkugeln aus Kupfer nicht auseinander reißen konnten, nachdem die Luft herausgepumpt worden war! Wenn Schwefel schon bei so geringer Hitze brennt, dann muss er mit dem Feuer verwandt sein! Im Charakterisieren der Welterscheinungen, dem zweiten methodischen Schritt, lebt vorzugsweise das Fühlen.

Erst auf der dritten Stufe am folgenden Tag, dem Erarbeiten der physikalischen und chemischen Gesetzmäßigkeit, eines historischen Begriffes oder der Intention einer Gestalt, sind vor allem die denkerischen Fähigkeiten gefordert. Dabei trägt anthroposophische Pädagogik der Tatsache Rechnung, dass durch den Schlaf die aufgenommenen Eindrücke «verdaut» worden sind und sich objektiviert haben.[17] Im denkerischen Durchdringen der, wie Steiner es ausdrückt, «geistigen Fotografien des am vorigen Tage Mitgemachten im Kopfe»[18] wird die Welterscheinung zum geistigen Eigentum, die Kluft zwischen Mensch und Welt überbrückt. In diesem Zusammenhang spielt das Unterrichtsgespräch eine entscheidende Rolle; die Kunst des Lehrenden besteht vor allem darin, durch eine interessante einleitende Fragestellung die Kommunikation der Schülerinnen und Schüler untereinander so in Gang zu bringen, dass eine facettenreiche Begriffsbildung entsteht. Nicht das Akkumulieren von Kenntnissen ist das Ziel des Unterrichts, sondern das Verwandeln des Menschen, das Veranlagen einer Erkenntnishaltung, die den Denkwillen am Weltinteresse entzündet und somit nicht nur eine Angelegenheit des Kopfes, sondern des ganzen Menschen ist.

In einen solchen methodischen Ansatz können Arbeitsformen wie Quellenanalyse und Gruppenarbeit zwanglos integriert werden. Besonders gut eignen sich dafür zwei Stellen im Unterrichtsgeschehen: die Phasen der Charakterisierung und der begrifflichen Vertiefung. Dabei wird auf die unterschiedliche Funktion der Quellen zu achten sein: Ein Text, eine Karikatur oder ein Foto, eingesetzt in der Phase der Charakterisierung, sollte sinnvollerweise so ausgewählt sein, dass noch nicht eine begriffliche Summe des Dargestellten, sondern eher eine gefühlsmäßige Stellungnahme angeregt wird. Bei der Behandlung des Absolutismus beispielsweise kann ein Text, der beschreibt, wie beim Gottesdienst der Hochadel dem König zugewandt stand, nicht dem Altar, die Bedeutung des Monarchen charakterisierend vertiefen.[19] Anders verhält es sich, wenn nach der Besprechung des Absolutismus die zentralperspektivische Struktur der Schlossanlage herausgearbeitet wird (vgl. Abb. 1, S. 34):[20] In diesem Fall geht es darum, den Begriff durch Vergleich mit analogen kulturellen Symptomen auszuweiten und zu vertiefen. Sicher wird man an geeigneten Stellen, etwa bei einer Rede Hitlers, auch auf einen Tonmitschnitt, einen Film oder Filmausschnitt nicht verzichten wollen. Allerdings wird darauf zu achten sein, dass Schülerinnen und Schüler nicht einfach unkritisch konsumieren, sondern dass durch eine intensive gedankliche Bearbeitung ihre innere Aktivität angeregt wird. Damit ist die Betrachtung wieder bei den Adressaten und Mitgestaltern des Unterrichts – den Schülerinnen und Schülern – angelangt, gleichzeitig auch bei der Ausgangsfrage: Was ist der Sinn des Geschichtsunterrichts?

Überlegungen zu Unterrichtszielen

Einige Aufgaben seien abschließend angedeutet. Ein zentrales Motiv des Unterrichtsgesprächs wird auf den verschiedenen Klassenstufen das Thema der Entwicklung sein. Wie haben sich die gesellschaftlichen Verhältnisse, die Regierungsformen, die Arten des Zusammenlebens, wie hat sich das Selbstverständnis des Menschen im Laufe der Geschichte verändert? Lässt sich darin eine bestimmte Dynamik erkennen? Was bedeutet sie für die Zukunft? Solche und ähnliche Fragen durchbrechen die Macht des Faktischen, sie machen die Veränderbarkeit des Bestehenden bewusst und ermutigen zu neuen Gestaltungen. Wenn beispielsweise beim Wandel der Herrschaftsformen von einer Theokratie über die Monarchie hin zur Demokratie eine emanzipatorische Linie zu erkennen ist, so lässt sich die Frage anschließen, ob man sich nicht noch freiheitlichere Formen des Zusammenlebens vorstellen kann, als sie in heutigen Demokratien üblich sind; man wird dann über die Idee der Selbstverwaltung und ihre Realisierung, etwa in einem staatsunabhängigen freien Schulsystem, sprechen können. Geschichtsunterricht, so praktiziert, ist nicht museale Beschäftigung mit Vergangenem, sondern Anregung zu Gegenwartsorientierung und Zukunftsgestaltung.

Zu diesem ersten tritt ein zweiter Aspekt: Geschichtsunterricht kann anregen, den anderen, Fremden, besser zu verstehen. Besonders wichtig sind in diesem Zusammenhang multiperspektivische Darstellungen und Quellen. Wie haben die Europäer die Indios bei der Entdeckung der neuen Länder angeschaut? Wie war es umgekehrt? Im Einleben in die Sichtweise des anderen entsteht eine seelische Beweglichkeit, die, immer wieder geübt, zu sozialem Verständnis und Toleranz führen kann.

Schließlich wird der Geschichtsunterricht die Schülerinnen und Schüler auch gefühlsmäßig und willenshaft engagieren: Sie werden die eine Idee oder Gestalt vehement kritisieren, sie werden sich mit einer anderen identifizieren. Einerseits klärt sich damit ihre Weltanschauung, andererseits können Impulse zur eigenen Lebensgestaltung aufleuchten. Wer einen guten Geschichtsunterricht erleben durfte, wird sich erinnern, wie er sich für eine Rosa Luxemburg, einen Gandhi, einen Martin Luther King begeistern konnte! Mit einem solchen Hinweis ist nicht der Tendenz einer unkritischen Verherrlichung das Wort geredet, wohl aber einer Darstellungsweise, welche die Situationen, in denen Persönlichkeiten standen, ihre Motive und inneren wie äußeren Kämpfe erlebbar macht und so ihre Lebensleistung deutlich werden lässt.

Geschichtsunterricht, aufgefasst und praktiziert als Anregung zur Gegenwartsorientierung, zu sozialem Verständnis und individueller Sinnfindung, ist somit Menschenbildung, und zwar in dem umfassenden Sinn, wie es Ernst Bloch in der Einleitung zu seinem Buch über Thomas Münzer geschrieben hat: «Wir wollen immer nur bei uns sein. So blicken wir auch hier keineswegs zurück. Sondern uns selber mischen wir lebendig ein. Und auch die anderen kehren darin verwandelt wieder, die Toten kommen wieder, ihr Tun will mit uns nochmals werden … Münzer vor allem ist Geschichte im fruchtbaren Sinn; er und das Seine und alles Vergangene, das sich lohnt, aufgeschrieben zu werden, ist dazu da, uns zu verpflichten, zu begeistern, das uns stetig Gemeinte immer breiter zu stützen.»[21]

2. *Erwachen für die Welt. Zum Oberstufenlehrplan*

Eine der Zukunftsaufgaben anthroposophischer Pädagogik ist es, den Lehrplan der Waldorfschule, der ja aus den Konferenzgesprächen Rudolf Steiners mit dem Kollegium der ersten Waldorfschule entstanden ist und dann in etwa 80-jähriger Praxis ausgearbeitet wurde, immer stärker in seiner künstlerischen Gesamtkomposition zu erfassen. Dazu bedarf es lebendiger Begriffe, die einerseits die sich wandelnde menschenkundliche Situation der Schülerinnen und Schüler zu umreißen vermögen und andererseits imstande sind, den Blick für den gemeinsamen Ansatz verschiedener Fachgebiete zu schärfen. Ein Versuch in dieser Richtung möchte der vorliegende Beitrag sein, indem er den Geschichtsunterricht im Zusammenklang mit dem Fach Deutsch betrachtet. Es sei ausgegangen von einer Skizze des Jugendalters.

Eines der auffallendsten Phänomene im Umbruch zur Erdenreife ist die wachsende Kritikfähigkeit der Schülerinnen und Schüler; sie entzündet sich zumeist weniger als Selbstkritik an der eigenen Person, sondern richtet sich nach außen, greift «unmögliche» Zustände in der eigenen Schule an oder attackiert die Unmenschlichkeit der gesellschaftlichen Verhältnisse. Ein Vierzehnjähriger schreibt eine Persiflage auf das weithin bekannte Gedicht «Knecht Ruprecht»:

Von drauß' vom Walde komm ich her;
den Wald, den gibt's nicht mehr!
All überall auf den Tannenspitzen
seh' ich den sauren Regen blitzen,
und droben aus dem Himmelstor
steigt eine Giftgaswolke empor.
Und wie ich so strolch durch den finstern Tann,
da spricht mich 'ne SS20 an:
Knecht Ruprecht, rief sie, alter Gesell,
hebe die Beine und spute dich schnell!
Der Himmel fängt zu brennen an,
die Abschusssperren sind aufgetan …

So vernichtend die Kritik erscheint, so eindeutig wird am Ende des längeren Gedichts der Impuls formuliert, aus dem heraus sie entstanden ist:

Nun sprecht, wollt ihr in Frieden handeln,
oder soll dies Gedicht sich in Realität verwandeln?

Hinter der Kritik – und das sollte gerade der Lehrer nicht verkennen – steht beim Jugendlichen zumeist das Ideal, die Sehnsucht nach einer anderen, «heileren» Welt. Allerdings fällt es den Heranwachsenden schwer, ihre Ziele auch zu realisieren; die Seelenkräfte sind oftmals noch nicht so harmonisiert, dass der Vorsatz auch zum Tun führen würde. Die Schilderung einer Mathematikstunde aus der Perspektive einer 16-jährigen Schülerin kann in diesem Zusammenhang als symptomatisch gelten.

«So, heute will ich mich konzentrieren! Die Ellipse kann man besser zeichnen, wenn … ach, er schaut doch heute wieder so gut aus … Da war doch etwas mit Tangenten … Jetzt redet er gerade angeregt mit einer anderen. Es ist schlimm, wenn man bei jeder Kleinigkeit eifersüchtig wird … Aha, die Diagonale … Warum bin ich eigentlich zu feige, ihn einmal anzusprechen, ich könnte anrufen und ihn etwas über die Hausaufgaben fragen; wenn ich weiterhin nicht aufpasse, ist das sowieso nötig! … Alle Linien parallel zur Achse … Es müsste doch schön sein, mit ihm zu gehen, schon rein äußerlich müssten wir gut zusammenpassen … Dann den Abstand in den Zirkel nehmen? Welchen Abstand denn? Ich wollte doch aufpassen! …»[22]

Was sich hier abspielt, ist deutlich: Die Vorstellung der notwendigen Tat, der Vorsatz, trifft auf ein noch schwankendes Gefühlsleben, daher fehlt es dem Willen an Stetigkeit. Jeder, der mit Jugendlichen zu tun hat, wird auf diese Diskrepanz der Seelenkräfte gestoßen: Die intellektuellen Fähigkeiten entwickeln sich schnell, die Willenskräfte verharren im Embryonalzustand. Damit wird die Spannung des Jugendalters sichtbar. Einerseits bricht die Innerlichkeit eines individuell Seelischen auf, andererseits fehlt noch die Möglichkeit, diese Innerlichkeit an die Welt heranzuführen. Subjektives – so beschreibt Rudolf Steiner diese Situation – stößt sich an Objektivem: der Außenwelt und der eigenen Leiblichkeit, die ergriffen werden muss.[23] Einem genaueren menschenkundlichen Verständnis erschließt sich diese Situation, wenn man den Reduktionismus einer Anthropologie überwindet, welche den Menschen als zweigliedriges, aus Leib und Seele bestehendes Wesen beschreibt, und sich, wie es Rudolf Steiner in schöpferischer Anknüpfung an Aristoteles und Hermann Immanuel Fichte getan hat, einer umfassenderen Betrachtungsweise öffnet.[24]

Dabei lassen sich vier «Wesensglieder» des Menschen unterscheiden: der physische Leib als raumfüllender, aus mineralischer Stofflichkeit bestehender

Körper, der Lebensleib als Träger der Lebensprozesse, welche die Stoffe in einen übergeordneten Zusammenhang eingliedern und Gestaltgebung und Wachstum bewirken, der Empfindungsleib als Vermittler des Bewusstseins, angefangen von einer einfachen Sinnesempfindung über das Gefühls- bis hin zum Gedankenleben, das Ich als individueller, geistig-schöpferischer Wesenskern.

Im Jugendalter nun treten diese Wesensglieder in eine neue Beziehung: Empfindungsleib und Ich als Träger der Innerlichkeit suchen den physischen Leib und Lebensleib mit eigenen Impulsen zu durchdringen. Dabei vollzieht sich ein Geschehen, das Rudolf Steiner mit dem Vorgang des Erwachens verglichen hat.[25]

Während im Schlafzustand nur eine lose Verbindung zwischen Empfindungsleib und Ich einerseits und Lebensleib und physischem Leib andererseits besteht – Symptom dafür ist die Bewusstlosigkeit des Tiefschlafs –, ziehen beim Erwachen Empfindungsleib und Ich in die physische und lebendige Leiblichkeit ein und «rufen» sie zu Bewusstsein und intentionaler Tätigkeit auf.

Das Nacherleben des morgendlichen Aufwachens, das ja nicht immer unproblematisch verläuft, bietet daher einen – gleichsam metaphorischen – Zugang zu den Turbulenzen, welche im Jugendalter durchgemacht werden.

Das morgendliche Aufwachen

Wie also wachen wir auf? Trotz aller individueller Unterschiede lassen sich Stufen des Aufwachens unterscheiden; von Neuntklässlern, die gebeten wurden, doch einmal zu schildern, wie sie morgens aufwachen, wurden sie wie folgt beschrieben. Die ersten Empfindungen beim Erwachen erscheinen als Schwanken zwischen Tag und Traum. Noch ist die Außenwelt weit entfernt und wird aus einer Perspektive der «Überschau» heraus wahrgenommen. Eine Schülerin schreibt: «Das Geräusch des Weckers, das mich aus dem Schlaf reißt, erweckt in mir die Dinge, die ich am Abend davor für diesen neuen Tag vorgenommen habe. Diese Gedanken sind jedoch schnell wieder vom Traum verdrängt, der mich zurück in den Schlaf reißt. So ist die Zeit des Aufwachens ein ständiger Kampf zwischen Traumwelt und Realität.»

Doch unausweichlich rücken die Anforderungen der Außenwelt – oft in Gestalt der weckenden Mutter – näher; gerade für «Morgenmuffel» stellt sich auf der zweiten Stufe des Erwachens ein Zurückschrecken vor der Welt ein. Ein cholerischer Junge notiert: «Das Erste, was ich beim Aufwachen wahrnehme, ist die Stimme meiner Mutter, die mir sagt, dass ich aufstehen soll. Dann höre ich, wie sie den Rollladen hochzieht, und bin im Moment immer etwas aggressiv, kann aber noch keine Kraft für Widerspruch aufbringen. Manchmal sage ich dann: ‹Lass mich doch in Ruhe!› oder Ähnliches. Doch das ist mir dann gar nicht richtig bewusst. Es kam auch schon vor, dass ich später beim Frühstück oft gar nicht mehr wusste, dass ich denjenigen, der mich geweckt hat, ziemlich beschimpft habe.»

So stark das Wehren gegen das Erwachen gelegentlich auch sein mag, es wird im Normalfall überwunden, irgendwann sind wir wirklich aufgestanden. Ein Mädchen stellt diesen Willensimpuls als ein Geschehen dar, das nicht ohne Dramatik verläuft: «Jetzt fange ich an zu denken: Ich komm aus diesem Bett nicht raus! Ich will nicht raus! Sechs nach sechs! Es ist warm und dunkel, ich weiß, dass es da draußen kalt und hell ist. Neun nach sechs. Mist, ich muss jetzt raus, sonst habe ich wieder zu wenig Zeit im Bad. Endlich bin ich draußen und mache das Licht an.»

Sind wir eigentlich wach, wenn das Licht angezündet und das Bett verlassen ist? Sicherlich nicht immer. Erst wenn Überraschendes uns aus den eingefahrenen Bahnen gewohnheitsmäßigen Tuns reißt, erwachen wir zu einer bewussten Urteilsbildung und Weltgestaltung.

Über vier Stufen, so zeigt die Betrachtung, verläuft der Prozess des Erwachens: von der Erinnerung an Träume über das Zurückschrecken vor der Außenwelt hin zum Ergreifen des Leibes und zum sinnvollen Handeln. Könnte es sein, so ist zu fragen, dass diese vier Stufen auch im Jugendalter durchlaufen werden, könnte es sein, dass von ihnen ein Licht auf den Lehrplan der Oberstufe fällt?

Die vier Oberstufenklassen – ein Prozess des Erwachens?

Blicken wir zunächst auf die 9. Klasse. Bei aller Turbulenz schafft die Unmittelbarkeit, Offenheit und Begeisterungsfähigkeit der Schülerinnen und Schüler oft eine Atmosphäre, die als vom Glanz des Idealischen durchstrahlt erscheint. An der Bereitschaft, ideelle Impulse als Lebensziel zu setzen, knüpft der Deutschunterricht an, indem die Biografien von Goethe und Schiller sowie ausgewählte Werke dieser Dichter behandelt werden. Welchen

Motiven begegnen die Schülerinnen und Schüler? Sie erfahren beispielsweise über den jungen Schiller, dass er als Kind von sechs Jahren sich eine schwarze Schürze umbinden und ein schwarzes Käppchen aufsetzen ließ und dass er dann – sein Vorbild Pastor Moser nachahmend – predigte. Worüber er dabei sprach, ist nicht schwer zu erraten, war Schiller doch in seiner Kindheit von einer Leidenschaft des Schenkens erfüllt: Nicht nur seine eigenen Schnallenschuhe, sondern auch Bücher und Kleidungsstücke seines Vaters, ja sogar das Bettzeug der Eltern wurden an Bedürftige verteilt. Die Motive der Kindheit finden sich beim erwachsenen Schiller wieder: Das Predigen hat sich metamorphosiert zur Auffassung des Theaters als «moralischer Anstalt», die Brüderlichkeit zum Kosmopolitismus. Mit seinen Dramen zeichnet Schiller ein anschauliches Lebenstableau der verschiedenen europäischen Länder und leistet so einen wesentlichen Beitrag zur Völkerverständigung.

Ein völlig anderer Klang durchtönt Goethes Leben. Das Kind baut einen Altar, bei dem die Repräsentanten der Natur übereinander angeordnet werden; er gipfelt in einer Räucherkerze, die mit Hilfe eines Brennglases durch die Strahlen der aufgehenden Sonne entzündet wird: ein Symbol der von geistigem Licht erleuchteten menschlichen Seele. Der Mensch im Zusammenhang des Kosmos – das ist Goethes Thema bis hin zu seinen späteren naturwissenschaftlichen Forschungen. Zumindest drei Elemente können beim Vergleich von Goethe und Schiller erlebt werden.

Erstens: Verschiedene Menschen tragen unterschiedliche Ideale in sich. Zweitens: Trotz aller Differenzen können sie Freunde werden. Drittens: Es kann gelingen, Impulse, die in der Kindheit und Jugendzeit aufbrechen, auch zu realisieren.

Ein Blick auf den Geschichtsunterricht bestätigt die idealische Tendenz im Lehrplan der 9. Klasse. Im Gegensatz zur 8. Klasse, in der die Geschichte der industriellen Revolution mit ihren sozialen und ökologischen Auswirkungen bis hin zur Gegenwart zu behandeln ist,[26] geht es nun um die «leitenden Ideen» der Neuzeit:[27] um den Kampf um Freiheit, Gleichheit und Brüderlichkeit. Dabei können in einer 9. Klasse die liberalen, demokratischen und sozialistischen Ideen niemals nur theoretisch besprochen werden; vielmehr ist in lebendigen Darstellungen erlebbar zu machen, wie diese Impulse Menschen motiviert und befeuert haben. Indem die Schüler mit so unterschiedlichen Persönlichkeiten wie Mirabeau und Robespierre, Franklin und Lenin, Martin Luther King und Gandhi, aber auch Hitler und Stalin konfrontiert werden, lernen sie das Großartige, aber auch die Einseitigkeiten moderner Sozialimpulse kennen; sie werden zudem zu einer gedanklichen Auseinandersetzung mit den Ideologien geführt, welche die menschenverachtenden Diktaturen des 20. Jahrhunderts begründet haben.

Überblickt man so für die Fächer Deutsch und Geschichte den Lehrplanansatz der 9. Klasse, so erscheint er als Antwort auf eine erste Stufe des Erwachens: Die Schülerinnen und Schüler werden ermutigt, ihre Träume, Sehnsüchte und Ideale ernst zu nehmen, die Behandlung historischer Gestalten gibt eine Stütze für das eigene Seelische, das anfänglich mit Begriffen durchdrungen und durch eine moralische Urteilskraft durchlichtet wird. Das Motto «Erinnere dich an deine Impulse!» erscheint als Leitmotiv der 9. Klasse.

Völlig anders der Grundduktus der 10. Klasse. Als Lehrer gewinnt man meist deutlich den Eindruck, dass sich die Schülerinnen und Schüler erheblich verändert haben, dass sie leiblich in die Schwere gefallen, seelisch aber höchst sensibel und empfindlich geworden sind. Immer stärker wird die Einsamkeit erlebt. Ein Mädchen aus einer 10. Klasse schreibt:

Tränen sind da
wo Mauern stehen.
Liebe ist da
wo keiner sie sucht.
Gefühle sind gefangen.
Wo? In dir.
Verständnis dafür
findest du nirgends.

Die melancholische Grundstimmung dieser Zeilen durchzieht manchmal ganze Klassen, die Atmosphäre eines Zurückschreckens vor der Welt breitet sich aus. Es erscheint in diesem Zusammenhang bemerkenswert, dass Rudolf Steiner eindringlich darauf hingewiesen hat, dass sich der gesamte Unterrichtsstil im Übergang zur 10. Klasse wandeln muss, will man in diesem schwierigen Lebensalter einen Zugang zu den Schülern finden.[28] Entsprechend anders klingen die Angaben für den Lehrplan. In der Geschichte etwa sollen die frühen Kulturen der Menschheit in Beziehung zu ihren geologischen Voraussetzungen behandelt werden. «Also die Ausgangspunkte nehmen von den Klimaten, von den Zonen, von den Erdformationen, und darauf die Geschichte gründen. Abhängigkeit von Gebirgen und Ebenen, wie ein Volk sich verändert, wenn es vom Gebirge ins Tal herabsteigt.»[29]

Man kann diesen Hinweis für die Behandlung der Anfänge der Kultur Mesopotamiens fruchtbar machen. Was muss geschehen, wenn ein Volk – die Sumerer –, vermutlich von Osten kommend,[30] in das Zweistromland einwandert, um die Fruchtbarkeit des Schwemmlandes zu nützen? Im Dialog mit den Schülern kann nun entwickelt werden, dass Deiche anzulegen, Kanäle zu bauen, Bewässerungssysteme zu entwickeln sind. Wie viele Menschen werden dazu gebraucht? Wo sollen sie wohnen? Welche Berufe werden entstehen? Durch solche und sich anschließende Fragen wird nun aus den Bedingungen der Landschaft und des Klimas ein Bild einer frühen Städtekultur für etwa zehntausend Menschen mit einer Vielzahl von Berufen und einer zentral gelenkten Tempelwirtschaft konstruiert; dabei wird das kausale Urteilsvermögen erübt. Es empfiehlt sich, erst nach dem Bemühen um eine in Eigentätigkeit entworfene Bildgestalt die archäologischen Funde und Quellentexte anzuführen; sie bieten gleichsam die Kontrolle für die Exaktheit der eingesetzten Fantasie. Auf diese Weise kann die gesamte Geschichte der frühen Kulturen entwickelt werden; der leitende Gesichtspunkt dabei ist die Fragestellung, wie Völker sich mit den «materiellen» Bedingungen der Außenwelt schöpferisch-gesetzmäßig auseinander gesetzt haben.

Auch im Deutschunterricht dieses Alters geht es weniger um individuell-geistig Impulsiertes als um von außen beeinflusstes, normatives Handeln. In der Behandlung der alt- und mittelhochdeutschen Literatur, vom Hildebrands- bis zum Nibelungenlied, wird gezeigt, wie ein bestimmter Ehrenkodex, wie die Gebote von Blutrache und Vergeltung nicht nur das Leben Einzelner, sondern das Schicksal ganzer Völkerschaften bestimmen. Auch hier lässt sich im Sinne einer «Wenn-dann»-Beziehung innerlich konstruieren, wie etwa ein Gefolgsmann Hagen handeln muss, wenn seine Herrin Brünhild beleidigt wird. Auf der Stufe der 10. Klasse verweist der Lehrplan offensichtlich auf das Bewusstmachen von äußeren Gesetzmäßigkeiten. In einem Alter, das durch ein gewisses Zurückschrecken vor der Außenwelt gekennzeichnet ist, werden die Schülerinnen und Schüler zu der Erkenntnis geführt, dass die Welt gesetzmäßig geordnet ist und dass sie folglich eine gedankliche Beziehung zu ihr aufnehmen können. Die Aufforderung «Erkenne die Gesetze der Welt!» erscheint als Grundmotiv der 10. Klasse; das kausale Urteilsvermögen kann hier schwerpunktmäßig erübt werden.

Wiederum anders stellt sich die menschenkundliche Situation und auch die Orientierung des Lehrplanes in einer 11. Klasse dar. Die anfänglichen Stürme der Geschlechtsreife sind überwunden. Erste individuelle Lebensentwürfe werden sichtbar, tiefere Partnerschaften begründet. Im Zentrum des Deutschunterrichts dieser Klasse steht die Beschäftigung mit dem *Parzival* von Wolfram von Eschenbach. Damit wird im mittelalterlichen Gewand eine moderne Thematik angeschlagen: die Frage individueller Entwicklung.

Parzival folgt zunächst treu, aber unverständig den Geboten seiner Mutter, dann der Autorität seines Lehrers Gurnemanz, der ihn auf die höfischen Regeln als Richtschnur seines Handelns verweist. Sein Lebensziel, den Gral, aber kann Parzival so nicht erreichen; dazu bedarf es der individuellen Frage, die aus dem liebevollen Interesse an dem Leiden des Mitmenschen geboren ist. Diese Frage jedoch kann er erst stellen, nachdem er, wie es in seinem Namen «par-ce-val» angedeutet wird, «durch das Tal» eigener Leiderfahrung und Gottverlassenheit gegangen ist. In dem Weg Parzivals von der «tumbheit» über den «zwîfel» zur «saelde» wird die aufbrechende Frage des Jugendlichen nach seinem eigenen Lebensmotiv aufgegriffen; die Behandlung von Entwicklungsromanen wie etwa Hermann Hesses *Demian* oder Alfred Anderschs *Sansibar oder der letzte Grund* kann die Auseinandersetzung mit dieser Thematik vertiefen. Auch methodisch entspricht der *Parzival* der für die Atmosphäre einer 11. Klasse charakteristischen inneren Suchbewegung; die imaginative Welt des Werkes erschließt sich nur einem geduldigen Ertasten und vorsichtigen Deuten seiner Bildqualitäten.

Der Geschichtsunterricht – so die Empfehlung Rudolf Steiners – soll die Behandlung des Parzival vorbereiten und vertiefen.[31] Mit diesem Hinweis ist nicht nur gemeint, dass die Schülerinnen und Schüler selbstverständlich erfahren sollen, wie die Mönche, Ritter und Bauern im Mittelalter lebten. Vielmehr ist in der Geschichte die innere Entsprechung für die Suche des Parzival zu finden. Aus dem Wirbel der Begegnung der römischen Welt, des entstehenden Christentums und der germanischen Völker entsteht im Mittelalter ein intensives Fragen nach dem Wesen des Christlichen, ein Ringen, das unterschiedlichste Antworten hervorgetrieben hat. Wie verschieden sind die Lebensentwürfe der Dominikaner und Franziskaner, der Templer und Katharer! Mit diesen Bewegungen treten dem Jugendlichen Lebensentwürfe entgegen, die ihn zur Klärung seiner eigenen Sinngebung und Lebensorientierung einladen. Eine existenzielle Urteilskraft ist gefordert. Das Motto «Suche dein eigenes Lebensmotiv!» steht über dem Deutsch- und Geschichtsunterricht der 11. Klasse.

Die 12. Klasse stellt den Abschluss der eigentlichen Waldorfschulzeit dar.[32] Sowohl im Geschichts- wie im Deutsch-Lehrplan gibt das Wort vom «Überblick» den Schlüssel zum Erfassen des Grundanliegens dieser Stufe.[33]

In der Geschichte wird die Aufmerksamkeit auf den Wandel epochaler Mentalitäten gelenkt. Wie hat sich in der historischen Entwicklung die Einstellung zum Tod, das Verhältnis zur Natur, die Sozialgestalt verändert? Indem man solchen und ähnlichen Fragen nachgeht, wird einerseits der bewusstseinsgeschichtliche Ort der Gegenwart erfasst, andererseits können Perspektiven der Zukunft erahnt werden.

Ein ähnliches Ziel verfolgt die Deutsch-Epoche, in der anhand von exemplarischen Beispielen ein Überblick über die Literaturgeschichte erarbeitet wird. An welchem Punkt der Entwicklung stehen wir heute, und wie gilt es zu handeln, um in lebendiger Auseinandersetzung mit den Erfahrungen der Vergangenheit Zukunft zu schaffen? Eine solche Fragestellung, die ein prophetisches Urteilsvermögen herausfordert, ist charakteristisch für eine 12. Klasse; sie taucht auch bei der Behandlung von Goethes *Faust* auf, erscheinen doch Motive wie die Tragödie des Wissenschaftlers, die Begegnung mit dem Bösen oder die Frage biografischer Entwicklung als eminent neuzeitliche, moderne Themenkomplexe. Der Satz «Wache auf zu prophetischem Urteil und bewusster Weltgestaltung!» umreißt das Anliegen der 12. Klasse.

Rückblick und Ausblick

Es ist versucht worden, die Entwicklungsschritte im Jugendalter als Stufen des Erwachens zu charakterisieren und den Lehrplanansatz als lebendige Antwort auf diese Stufen zu begreifen. Damit ist eine Anregung Rudolf Steiners ausgestaltet worden, der in einem Vortrag vom 30. August 1924 gefordert hat, auf die «gestaltende» Erziehung im ersten Jahrsiebt und die «belebende» im zweiten müsse im dritten Jahrsiebt eine «erweckende» Erziehung folgen.[34] Vielleicht kann die Betrachtung Anlass sein, das, was hier für den eingegrenzten Bereich der Fächer Deutsch und Geschichte in der Oberstufe unternommen wurde, auf andere Gebiete auszuweiten, um allmählich zu einem Erfassen der Gesamtkomposition des Lehrplans zu kommen. Eine Komposition, das wird sich dabei schnell zeigen, ist kein Schema; vielmehr enthält sie Kontrapunkte und Spannungsmomente. So wird in der Kunstgeschichte der Prozess des Erwachens konzentriert in der Epoche der 9. Klasse mit dem Eintauchen in die Kunst Ägyptens, Griechenlands und der Renaissance erlebt. Stehen wir vor einer ägyptischen Statue, etwa der Statue des Chefren aus der 4. Dynastie, so erscheint der Körper unbelebt; das Seelisch-Geistige, gefasst im Bild des Horus-Falken, wirkt von außen. In der griechischen Plastik, etwa beim Diskuswerfer von Myron aus dem 5. vorchristlichen Jahrhundert, ist die Gestalt belebt, hat aber noch keinen individuellen Ausdruck. Diese Innerlichkeit tritt dann in der Renaissance nach außen; der

David Michelangelos ist sowohl zum Empfinden seines Körpers wie zum Selbstbewusstsein erwacht.

So sind die verschiedenen Epochen veranlagt, ihren Beitrag zum oft schwierigen Prozess des Erwachens der Jugendlichen für die Welt und ihr eigenes Selbst zu leisten; uns Erziehenden stellt sich die Aufgabe, das vielfältige Beziehungsgeflecht der unterschiedlichen Fächer und den jeweiligen methodischen Ansatz der Klassenstufen zu erkennen, um zu einer fruchtbaren pädagogischen Praxis zu erwachen.

3. Aufbau und Inhalt der Geschichtsepochen der 9. Klasse

In der vorangegangenen Betrachtung ist – exemplarisch für die Fächer Geschichte und Deutsch – aufgezeigt worden, wie sich die Unterrichtsinhalte der Oberstufe als Antwort auf die entwicklungspsychologische Situation des Jugendlichen ergeben. Dabei ist schon auf die Differenzierung zwischen dem Geschichtslehrplan der 8. und der 9. Klasse hingewiesen worden: Während in der 8. Klasse ein Bewusstsein dafür geschaffen werden soll, «wie die Dampfmaschine, der mechanische Webstuhl usw. die Erde umgestaltet haben»,[35] sind in der 9. Klasse die «leitenden Ideen» der Neuzeit zu behandeln, um «ein Verständnis für die Gegenwart»[36] zu erreichen. Zweieinhalb Jahre später, in der Konferenz vom 24.4.1923, konkretisiert Rudolf Steiner diese allgemeinen Hinweis dahingehend, dass er übergreifende Themen für die letzten Jahrhunderte vorschlägt: die Erweiterung des Gesichtskreises durch die geografischen und astronomischen Entdeckungen für das 15. und 16. Jahrhundert, der Übergang von den alten, vom Feudalismus geprägten sozialen Verbänden zu den neuen Staatsverbänden für das 16. und 17. Jahrhundert, die Wirkung der Aufklärung auf das geschichtliche Leben für das 17. und 18. Jahrhundert und schließlich für das 19. Jahrhundert das «Ineinanderfließen, Ineinanderfluten der Völker und alles, was es in sich birgt».[37]

Christoph Lindenberg hat in seiner Darstellung über den Geschichtsunterricht Anregungen für eine Ausgestaltung dieser Themen gegeben, dabei umgreift allein das 19. Jahrhundert so umfassende Motive wie die Auswirkungen der Französischen Revolution auf Italien, die Niederlande, die Schweiz und das westliche Deutschland, die Revolution von 1848 als gesamteuropäisches Ereignis, die internationale Ausbreitung der Ideen eines Darwin und Haeckel sowie die Europäisierung der Welt durch Kolonialismus und Imperialismus.[38] Nimmt man das 20. Jahrhundert hinzu – und seine Behandlung muss geradezu als Schwerpunkt des Unterrichts erscheinen, wenn ein Verständnis der Gegenwart erreicht werden soll –, so wird man sich als Geschichtslehrerin oder als Geschichtslehrer vor die Notwendigkeit einer Auswahl gestellt sehen. Denn es steht für den Geschichtsunterricht ein Zeitumfang von nicht mehr als fünf, bestenfalls sechs Epochenwochen zur Verfügung, davon wird man allein für die Behandlung des 20. Jahrhunderts mindestens zwei Wochen benötigen. Auf dem Hintergrund eines solchen zeitlichen Rahmens bietet es sich nun an, den Unterricht eng an die im vorangehenden Kapitel entwickelte idealische Orientierung der Jugendlichen anzulehnen und das Ringen um die geschichtsbestimmenden Impulse von Freiheit, Gleichheit und Brüderlichkeit zum zentralen Thema zu machen.

Bestimmendes Auswahlkriterium kann dabei die Frage sein, welche Gestalten und Ereignisse besonders klar die liberalen, demokratischen und sozialistischen Ansätze verdeutlichen, ihre wechselseitige Spannung anschaulich machen oder auch Gegentendenzen vertreten. Die nachfolgende Skizze ist aus solchen Überlegungen entstanden; sie erhebt nicht den Anspruch, das allgemein verbindliche Curriculum des Geschichtsunterrichts der 9. Klasse zu entfalten – eine solche kanonische Festlegung wäre geradezu kontraproduktiv in einer Freien Schule, welche die Auswahl der Unterrichtsinhalte in die Verantwortung des Lehrenden, genauer: seiner Aufmerksamkeit für die spezifischen Bedürfnisse der jeweiligen Schülerinnen und Schüler gibt. Nicht das Aufstellen eines Kanons ist angestrebt; vielmehr soll eine (allerdings menschenkundlich begründete und in der Unterrichtspraxis erprobte) Möglichkeit vorgestellt werden, die Geschichtsepochen der 9. Klasse aufzubauen.

Zusammenprall von Kulturen

Das Ringen um moderne Sozialgestaltungen begann mit der Französischen Revolution; es setzte historisch einen Bewusstseinswandel voraus, wie er sich in Europa mit der allmählichen Loslösung von theokratischen Regierungsformen über Jahrtausende hinweg vollzogen hat. Die gewandelte Mentalität des europäischen Menschen, der selbstbewusst und individuell, aber auch aggressiv und egoistisch auftrat, wurde zu Beginn der Neuzeit in den Entdeckungsfahrten durch die Konfrontation mit den Kulturen Amerikas, Afrikas und Asiens bewusst. Die Behandlung dieses Aufeinanderprallens von Kulturen eignet sich insofern als Einstieg in die Epoche, als an den Konflikten gezeigt werden kann, dass die europäische Entwicklung schon längst über die traditionelle Sozialität theokratischer Gesellschaften hinweggeschritten war.

Symptomatisch erscheint in diesem Zusammenhang beispielsweise die Eroberung Perus unter Pizarro.[39] An verschiedensten Aspekten lässt sich die unterschiedliche Einstellung der Peruaner und Spanier herausarbeiten: Der Inka Atahuallpa kam arglos, ohne Waffen, zu einer Unterredung; Pizarro brach skrupellos das Gastrecht, nahm den Fürsten gefangen und forderte ein ungeheures Lösegeld – ein Zimmer von rund 100 m^2 Fläche sollte mit Gold gefüllt werden. Obwohl das Gold – für die Peruaner ein kultischer Schatz, für die Spanier Objekt ökonomischer Begierde – herbeigebracht wurde, ließ Pizarro den Inka erwürgen. Das Volk, seines religiösen Führers beraubt, gab den Widerstand auf; Peru wurde spanisch.

Besonders aufschlussreich ist die Beschäftigung mit der kulturellen, politischen und wirtschaftlichen Ordnung des Inkareiches. Aus den Dokumenten entsteht das Bild eines theokratischen Staates mit einem uneingeschränkt regierenden religiösen Herrscher an der Spitze, einer zentral gelenkten Wirtschaft mit Gemeineigentum und Gemeinschaftsarbeit, dem Verbot von Luxus und Müßiggang, zentraler Vorratshaltung und Versorgung der Alten und Kranken durch die Dorfgemeinschaft. Wirft man nun, nach Studium eines entsprechenden Textes (Q 1), die Frage auf, ob die Schülerinnen und Schüler in solch einer Gesellschaft leben möchten, so kann das interessante Diskussionen auslösen: Einerseits erscheinen viele Regeln als ausgesprochen sozial, andererseits aber bleibt kein Raum für das Individuelle. Denn wer würde schon gern gezwungen werden, im Alter von zwanzig Jahren zu heiraten? Gerade in der Auseinandersetzung mit dem Fremden kann die eigene Identität sich klären; es wird deutlich, dass die europäische Entwicklung zu einer anderen, individuelleren Sozialgestalt drängt.

Abb. 1: Das Schloss von Versailles (1668), Gemälde von Pierre Patel (Ausschnitt) / Foto: AKG.

Absolute Monarchie und Aufklärung

Damit ist die Problemstellung der Französischen Revolution vorbereitet; bei ihrer Behandlung ist ein Blick auf die gesellschaftspolitischen und ideellen Voraussetzungen, die absolute Monarchie und die französische Aufklärung, unerlässlich. Dabei fällt es nicht schwer, die Differenz zwischen einer Theokratie und einer absoluten Monarchie herauszuarbeiten: Bei einem Ludwig XIV. oder Ludwig XVI. war der religiöse Hintergrund der Herrschaft zur Ideologie verblasst. Die Betrachtung der Schlossanlage von Versailles kann, wie bereits angeführt, diesen Tatbestand verdeutlichen: Im Zentrum liegt das Schlafzimmer des Königs, die Kapelle ist in einem Seitenflügel untergebracht (Q 2). Entsprechend war die Aufstellung beim Gottesdienst: Die Adligen standen am Fuße des Altars mit dem Rücken zum Priester, ihr Antlitz war dem König zugewandt, der von einer Tribüne herab die Messe verfolgte (Q 3). Die Kritik, die eine solche Übersteigerung des Selbstgefühls eines Einzelnen auslösen musste, wenn sie nicht von einem charismatischen Charakter getragen war, hat in brillanter Weise Voltaire vorgebracht; sein Wappen, drei feuerspeiende Drachen auf goldenem Grund, erscheint wie ein symbolischer Hinweis auf den dreifachen Spott, den er über die Exzesse des Königs und der Aristokratie, die Kirche und die Justiz ausgegossen hat. Die verfassungspolitischen Vorschläge Montesquieus ziehen die Konsequenz aus einer solchen Kritik: Wenn die Herrschaft eines Einzelnen zur Tyrannei wird, muss die Gewalt geteilt werden.

Mit weniger intellektueller Schärfe, aber umso größerer emotionaler Beteiligung attackierte Rousseau das Ancien Régime; vielfach gedemütigt in einer Ständeordnung, die den Adel der Geburt allemal dem Adel der Fähigkeiten vorzog, reklamierte er nicht nur Freiheit und Rechtsgleichheit, sondern auch soziale Gerechtigkeit und Brüderlichkeit. Schildert man die Biografien dieser Persönlichkeiten und diskutiert Textausschnitte aus Montesquieus Schrift *Geist der Gesetze* – über die Gewaltenteilung (Q 4) – und Rousseaus *Gesellschaftsvertrag* über die direkte Demokratie (Q 5), so werden die ideellen Voraussetzungen der Französischen Revolution erlebbar; die sozialen erschließen sich, wenn man einige Passagen aus den Beschwerdeheften der Bauern, die vor Einberufung der Generalstände auf die Aufforderung des Königs hin verfasst wurden (Q 6), mit Berichten über die Verschwendung am Hof kontrastiert (Q 7). Die Kritik am Bestehenden und die erhofften Perspektiven werden noch anschaulicher, wenn man den Schülerinnen und Schülern Karikaturen über die Ständegesellschaft und eine mögliche neue Ordnung vorlegt.

Nach einer solchen Vorbereitung kann der Verlauf der Französischen Revolution behandelt werden; in der Gegensätzlichkeit ihrer ersten, «bürgerlichen» Phase (1789–91) und ihrer zweiten, «radikalen» (1792–94), offenbaren sich in symptomatischer Weise Einseitigkeiten sozialer Gestaltungen, die auf der isolierten Realisierung eines der bestimmenden Sozialimpulse beruhen.

Die Französische Revolution: Freiheit oder Gleichheit?

In den Anfangsjahren der Revolution brach zunächst der Kampf um die Freiheit aus; das gut zu schildernde dramatische Geschehen der Auseinandersetzung zwischen Drittem Stand und königlicher Autorität, angefangen von der Erklärung zur Nationalversammlung über den Schwur im Ballhaus, den Sturm auf die Bastille und den Privilegienverzicht des Adels bis hin zur Verfassung 1791, zielte auf die Zurückdrängung monarchischer Willkür und

Macht. Die Erklärung der Menschen- und Bürgerrechte (Q 9) mit ihren zentralen Bestimmungen der Meinungs-, Presse- und Glaubensfreiheit sowie der persönlichen Sicherheit stellt ebenso ein Ergebnis dieses Konflikts dar wie die neue Staatsordnung mit der Gewaltenteilung (Q 10 und Q 11). Gleichzeitig wird klar, dass die Gleichheit nur in Ansätzen verwirklicht war: Besitzlose und Lohnarbeiter, die keine Steuern zahlten, durften ebenso wenig wählen wie die Frauen. Gerade das Zensus-Wahlrecht wies auf eine tiefgehende Problematik hin: War die Freiheit der ersten Phase der Revolution nicht nur die Freiheit der Besitzenden, die im Sinne eines «Ich bin so frei» ihre ökonomischen Interessen absicherten? Blieb nicht die soziale Gerechtigkeit auf der Strecke? Hatte man nicht versäumt, den Begriff der «Brüderlichkeit» mit konkretem Inhalt zu füllen?

Die Ambivalenz des Geschehens verdichtet sich in der Gestalt des Grafen Mirabeau. Einerseits war das «Mütterchen Mirabeau», wie das Volk ihn liebevoll nannte, ein entschiedener Verteidiger der Volksrechte; man denke nur an den berühmten «Donnerkeil» des Grafen bei der so genannten «Kissensitzung» vom 23. Juni 1789 (s. unten, S. 66).[40] Andererseits war Mirabeau durchaus anfällig für die Versuchungen von Geld und Macht: Er ließ sich vom königlichen Hof bestechen, kaufte sich eine hübsche Villa im vornehmsten Viertel von Paris mitsamt Köchen und Lakaien, durchfeierte die Nächte mit den Tänzerinnen der Opera – und hatte die Stirn, in einer mitreißenden Rede vor der Nationalversammlung den Vorwurf des Verrats zurückzuweisen. Symptomatisch erscheint sein letzter Auftritt vor der Nationalversammlung am 27. März 1791. Schon von schwerer Krankheit gezeichnet, verteidigte er die Besitzrechte seines Freundes La Marck an der Ausbeutung von Bergwerken.

Freiheit und Eigentum, nicht aber soziale Gerechtigkeit und Brüderlichkeit waren die Handlungsmaximen in der ersten Phase der «großen» Revolution. Kann es verwundern, dass die angefachte Dynamik über das Erreichte hinaustrieb, dass der Ruf nach Freiheit bald vom Schrei nach Brot übertönt wurde, dass die Initiative des Handelns immer stärker an die Führer politischer Klubs überging, die sich auf die Kleinbürger und besitzlosen Massen von Paris, die «Sansculotten» (Q 12 und Q 13), stützten? Die Forderung nach Gleichheit wurde zum Zauberwort der Jahre 1792–94, sie äußerte sich ebenso in dem Bemühen der Jakobiner um einen Ausgleich der Einkommensunterschiede – «dass jeder nur eine Werkstatt, nur einen Laden besitzen darf» – wie in dem obligatorischen Tragen der roten Gleichheitsmütze. Unter dem Druck des Krieges, angestiftet nicht zuletzt durch emigrierte Adlige, nahm das Geschehen immer stärker die Signatur der Gewalt an.

Abb. 2: Revolutionsplakat mit Parolen der Republik und Symbolen der Revolution (Foto: AKG).

Auch in diesem Zusammenhang bietet sich die Möglichkeit, besonders charakteristische Ereignisse bildhaft-anschaulich zu schildern: den Tuilerien-Sturm mit der Entmachtung des Königs und die anschließenden September-Morde gegen gefangene oppositionelle Adlige und Priester, die Flucht des Königs und seine Verurteilung unter dem Druck der Straße, vor allem auch den Terror gegen das konterrevolutionäre, aufständische Lyon mit dem Beginn von Massenhinrichtungen. Im Jahre 1793 verabschiedete der Konvent die republikanische Verfassung, doch verlagerte sich die reale Macht bald in den von Robespierre kontrollierten Wohlfahrtsausschuss. Mehr und mehr bestimmte sein Leitmotiv «Tugend und Terror» die Szene. Im fanatischen Hinblicken auf einen erträumten Idealstaat wurden in Paris zwölftausend, in ganz Frankreich etwa dreißig- bis vierzigtausend Menschen hingerichtet. Analysiert und diskutiert man mit den Schülerinnen und Schülern die Maßnahmen und Gesetze des Konvents unter dem Druck der radikalen Jakobiner und des Wohlfahrtsausschusses (Q 14), so zeigt sich das Dilemma eines abstrakten Gleichheitspostulats: Einerseits wurde, etwa mit der Festsetzung von Höchstpreisen für das Getreide, der Zwangsanleihe von 1 Mrd. Francs von wohlhabenden Bürgern, der entschädigungslosen Abschaffung aller noch verbliebenen Feudallasten und der geplanten Sozialversorgung für Alte, Bedürftige und Kranke, soziale Gerechtigkeit angestrebt, andererseits vernichteten die Jakobiner die persönliche Freiheit und Sicherheit. Besonders drastisch verdeutlichen die Terrorgesetze vom 10. Juni 1794 diese Tendenz: Es wurde mit dem Tode bestraft, «wer für die Wiederherstellung des Königtums eintritt, wer die Volksvertretung beleidigt ..., wer die Versorgung von Paris verhindert, wer die Flucht eines Verschwörers unterstützt ..., wer falsche Nachrichten verbreitet ..., wer die öffentlichen Sitten verdirbt, wer ... die Kraft und Reinheit der revolutionären Prinzipien antastet ...» (Q 15).

Ähnlich wie bei der Betrachtung eines Mirabeau ein isolierter Freiheitsimpuls als Januskopf sichtbar werden konnte, so wird die diktatorische Konsequenz eines Gleichheitsideals, das sich auf alle Lebensbereiche bezieht, am Leben und Werk eines Robespierre anschaubar (s. unten, S. 68 ff.). Als Symptom seiner Tragik erscheint das Fest des Höchsten Wesens am Pfingstsonntag des Jahres 1794, das er als nationales Versöhnungsfest konzipiert hatte und bei dem er in einer feierlichen Zeremonie Strohpuppen anzündete, welche den Ehrgeiz, die Selbstsucht, die Gemeinheit und den Atheismus symbolisierten.[41] Bedauerlicherweise aber wurde die Handlung nicht von allen so aufgenommen, wie Robespierre es sich erhofft hatte: Unter den Abgeordneten des Konvents wurden Geflüster, Spott, Widerspruch laut. Es erschien zu Recht als fraglich, ob Laster so leicht auszurotten waren ... Wenige Wochen später wurde Robespierre selbst als Volksverräter angeklagt, verurteilt und hingerichtet.

Modell einseitiger Sozialgestaltungen

Einer zusammenfassenden Betrachtung enthüllt sich die Französische Revolution als Lehrstück: Offenbar gleichen die Ideale von Freiheit, Gleichheit und Brüderlichkeit einer Flamme, die erhellen und erwärmen, aber auch vernichten kann. Freiheit, für sich genommen und verstanden als Möglichkeit der – auch wirtschaftlichen – Selbstentfaltung, zerstört die Gleichheit und Solidarität: Die Privilegierten, Stärkeren, Tüchtigeren setzen sich im Rahmen einer Ellenbogengesellschaft durch. Umgekehrt schließt die Gleichheit, wenn sie generell gilt und im Sinne einer Gleichmacherei verstanden wird – man denke an den Antrag der Commune, die Türme von Notre Dame abzureißen, da sie der Gleichheit im Stadtbild widersprächen[42] – die Freiheit aus: In der Friedhofsruhe einer totalitären Gesellschaft erlahmt mit der freien Meinungsäußerung auch die freie Initiative. Das Ideal der Brüderlichkeit schließlich wurde eher sentimental erfasst: In den vielfältigen Verbrüderungsszenen und der Gepflogenheit der Jakobiner, auf die verhasste Anrede «Monsieur» oder «Madame» zu verzichten und sich zu duzen, lebte bestenfalls ein Schattenbild. In «Schlagworten zusammengedrängt und mischmaschartig auf den ganzen Menschen undifferenziert angewendet», so formuliert Rudolf Steiner, trat in der Französischen Revolution das «innerste Seelische» der Neuzeit auf, konnte aber «zunächst keinen äußeren Leib gewinnen …».[43]

Eine solche Erkenntnis kann sich – wenn auch anders formuliert – im Unterrichtsgespräch aus den behandelten Tatsachen ergeben, sie lässt sich durch ein kleines Szenario vertiefen. Die Schüler und Schülerinnen werden angeregt, sich einmal auszumalen, wie ein Zeltlager aussehen könnte, das sie selbstständig, ohne Lehrerbegleitung, organisieren – jeder Einzelne solle sich möglichst frei entfalten dürfen. Die Vorschläge lassen zumeist nicht auf sich warten: Jeder steht auf, wann er Lust hat, es gibt keinen Tagesplan, eine Schlafenszeit ist nicht vorgeschrieben usw. Bald aber tauchen Fragen auf, welche die Notwendigkeit von Absprachen deutlich machen. Wie ist das mit dem Essen? Soll jeder etwa für sich allein kochen? Und müsste nicht vereinbart werden, dass diejenigen, die länger schlafen wollen, von den Frühaufstehern nicht gestört werden? Allmählich wird klar, dass Freiheit, verstanden als «jeder kann tun und lassen, was er will», ohne Rücksichtnahme auf die anderen, zu einer unerträglichen Herrschaft der Starken und Durchsetzungsfähigen führen würde.

Wie aber sieht ein Zeltlager aus, in dem die Gleichheit angestrebt wird? Auch das lässt sich leicht ausmalen: Man braucht eine feste Ordnung, definierte Weck- und Ruhezeiten, ein verbindliches Programm, vielleicht sogar eine Uniform. Und wenn dann noch jemand hinzufügt: «einen gleichen Haarschnitt», wird auch dem Letzten bewusst, dass mit einem so aufgefassten Gleichheitspostulat alles Freiheitliche erstickt würde.

So einfach sich ein solches Szenario durchspielen lässt, so klar leuchtet die Erkenntnis auf, dass seit der Französischen Revolution jede moderne Sozialgestaltung vor der Frage steht, wie sich Freiheit, Gleichheit und Brüderlichkeit sinnvoll verstehen und vereinbaren lassen.

Gab es in den revolutionären Wirren Persönlichkeiten, die um eine Vermittlung der Ideale bemüht waren? Angesichts einer solchen Frage lässt sich auf eine Gestalt hinblicken, die als Frau zudem noch den Vorteil hat, dass sie den Schülerinnen eine unmittelbare Möglichkeit der Identifikation bietet: auf die Frauenrechtlerin Olympe de Gouges (ausführliche Schilderung s. unten, S. 76 ff.). Mit Ausbruch der Revolution 41 Jahre alt, lebte Olympe, früh verwitwet, als freie Schriftstellerin in Paris. Obwohl begeisterte Revolutionärin, kritisierte sie doch das einseitige Freiheitspathos der ersten Phase der Revolution und forderte die Gleichheit – nicht nur für die Frauen, sondern auch für die Sklaven in den Kolonien. Andererseits wehrte sie sich mit drastischen Worten gegen den sich abzeichnenden staatlichen Terror der zweiten Phase: In Pamphleten nannte sie Robespierre «Schandmal und Gräuel der Revolution», Marat «Tyrann», «Geißel der Gesellschaft und Abortus der Menschheit».[44]

Ihr politisches Wirken gipfelte in der 1791 verfassten «Erklärung der Frauenrechte» (Q 16), in der sie die soziale, politische und ökonomische Gleichberechtigung der Frau forderte: «Wenn die Frau schon das Recht hat, auf das Schafott zu steigen, muss sie auch das Recht auf die Tribüne haben.»[45] Der zitierte Artikel 10 ihrer Erklärung erfüllte sich an ihr selbst: Sie wurde von der Revolutionsregierung wegen unerlaubter politischer Betätigung verurteilt – Frauen hatten laut einer Erklärung des Konvents ebenso wenig Bürgerrechte wie Kinder, Irre und Kriminelle – und starb am 3. November 1793 unter der Guillotine.

Die antifeministische Brandrede des Pariser Ratsvorsitzenden Chaumette (Q 17, vgl. auch unten, S. 85 f.) wird nicht nur engagierte Debatten in der Klasse hervorrufen, sie macht zugleich deutlich, wie dornig noch in den nachfolgenden Jahrhunderten der Weg zur Frauenemanzipation sein sollte.

Konnte der Blick auf die Französische Revolution die Gefahr von Einseitigkeiten im Umgang mit modernen Sozialimpulsen verdeutlichen, so vermag die Behandlung des 19. Jahrhunderts die Aufmerksamkeit für eine andere Problematik zu schärfen: das Scheitern der Impulse durch mangelnde Durchsetzungsfähigkeit im politischen Handeln.

Wenn Freiheit, Gleichheit und Brüderlichkeit zwar ideell erfasst, nicht aber tatkräftig realisiert werden, so entsteht ein Vakuumphänomen: Gegensätzliche Impulse werden angezogen. Eine solche Tragik spielte sich in der deutschen Geschichte des 19. Jahrhunderts ab. Vor dem Eingehen auf methodisch-didaktische Aspekte sei die innere Dynamik der Geschehnisse kurz beleuchtet. Das Ende des 18. und der Beginn des 19. Jahrhunderts waren bestimmt von einem geistigen und gesellschaftspolitischen Aufbruch: In Friedrich Schillers *Ästhetischen Briefen* (1793) und Wilhelm v. Humboldts Schrift *Ideen zu einem Versuch, die Grenzen der Wirksamkeit des Staates zu bestimmen* (1792), aber auch in den preußischen Reformen – der Heeresreform, der Bauernbefreiung und den Ansätzen kommunaler Selbstverwaltung eines Freiherrn von Stein – sowie in der Emphase der Freiheitskriege spiegelte sich die ideelle, emotionale und willenshafte Auseinandersetzung mit der Französischen Revolution. Dabei wurden unverkennbar neue Akzente gesetzt: Schiller ergänzte das Ringen um politische Freiheit durch die Frage nach ihrer Voraussetzung, nämlich allgemein-menschlicher Freiheit: «Nur der Charakter des Bürgers schafft und erhält den Staat und macht politische Freiheit erst möglich» (Brief vom 13. Juli 1793).

Das Problem der Freiheit erschien damit in einer realistischeren Perspektive: Freiheit wurde nicht gesehen als Naturrecht im Sinne von Rousseaus Worten: «Der Mensch wird frei geboren, und überall ist er in Ketten» («Gesellschaftsvertrag»), sondern als geistige Errungenschaft: als Weg und Ziel von Erziehung und Selbsterziehung.

Auch Wilhelm von Humboldts Überlegungen wiesen in eine neue Richtung. Stand in Frankreich das Ringen um die Frage ‹Wer soll im Staate herrschen?› im Mittelpunkt des Interesses, so dachte Humboldt darüber nach, worüber der Staat überhaupt herrschen dürfe. An die Stelle des Kampfes um den demokratischen Staat trat die Suche nach dem «reinen» Staat; als Konsequenz ergab sich die Forderung, der Staat solle sowohl das kulturelle wie das wirtschaftliche Leben der gesellschaftlichen Selbstverwaltung überlassen.

Schillers und Humboldts Ansätze blieben zwar ohne unmittelbare politische Auswirkung, beeinflussten aber die liberale Bewegung, die sich trotz der Restauration durch den Wiener Kongress ausbreitete und im Fest auf der Wartburg 1817 wie im Hambacher Fest 1832 ihren Ausdruck fand. Gleichzeitig nahm im Zuge der allmählichen Industrialisierung, die in Deutschland deutlich später als in England einsetzte, die Soziale Frage die Gestalt der Arbeiterfrage an. Als Markstein dieser Entwicklung kann der Aufstand der schlesischen Weber im Jahre 1844 gelten; das 1848 erschienene Kommunistische Manifest von Marx und Engels bot den Sozialismus und Kommunismus als Lösung dieser Problematik an.

Damit stellte sich Mitte des 19. Jahrhunderts in Deutschland die zentrale Frage der Französischen Revolution in veränderter Weise: Würden die Anhänger der liberalen Ideen von Freiheit und Rechtsgleichheit sich mit den Vorkämpfern der sozialistischen Brüderlichkeitsimpulse zu einem gemeinsamen revolutionären Kampf vereinen können? Würden Bürgerliche und Proletarier zueinander finden?

Der Verlauf der Deutschen Revolution zeigte, dass dies nicht der Fall war. Zwar legten Männer in Frack und Zylinder gemeinsam mit Arbeitern Hand an, um die Barrikaden des März 1848 zu errichten und einen vorläufigen Sieg der Volksbewegung zu erringen. Doch schon im «Vorparlament», in dem rund 500 entschiedene Männer aus den Länderparlamenten zusammenkamen, um die Sache des Volkes in die Hand zu nehmen, kam es zur Spaltung: Die Radikalen um die Rechtsanwälte Gustav von Struve und Friedrich Hecker verließen die Versammlung, als sie sich nicht durchsetzen konnten, und organisierten einen bewaffneten Aufstand in Baden, der dann von den Truppen des Deutschen Bundes niedergeschlagen wurde. Auch die anschließend in der Frankfurter Paulskirche zusammengetretene, aus freien Wahlen hervorgegangene erste deutsche Nationalversammlung führte nicht zu einer Neuordnung. Zwar debattierte man in geistvoller Weise über die Grundrechte und eine neue Verfassung, doch versagte das Parlament in zwei Punkten: Es vernachlässigte die Soziale Frage und versäumte es, die Machtfrage aufzuwerfen und die Truppen der Nationalversammlung zu unterstellen. So kam es zu einem Aufstand der Frankfurter Arbeiter gegen die Paulskirchenversammlung; angesichts der zögernden und zerstrittenen revolutionären Bewegung gewannen die Fürsten Oberwasser und stellten die alten Verhältnisse wieder her. Die deutsche Revolution war gescheitert.

Nun ergab sich nach einem hoffnungsvollen Aufbruch und seinem Scheitern im gesellschaftlichen Bereich eine besonders schwierige Situation: Ein Mangel an Ideen und Impulsen entstand. Die nach der gescheiterten Revolution einsetzende Reaktionsperiode entstammte einem solchen Vakuum: Viele Revolutionäre wurden verfolgt, über eine Million Menschen wanderten aus, im Übrigen galt Ruhe als die erste Bürgerpflicht. Doch war damit das Streben nach deutscher Einheit nicht aufgehoben; allerdings realisierte sie sich nicht «von unten», aus einer liberalen und demokratischen Bewegung, sondern «von oben» auf autoritäre Weise. Dieser Umschlag von einer aus Ideen hervorgegangenen politischen Einheitsbewegung in der ersten zur Realpolitik in der zweiten Jahrhunderthälfte wird durch Otto von Bismarck verkörpert. «Nicht durch Reden und Parlamentsbeschlüsse werden die großen Fragen der Zeit entschieden – das ist der Fehler von 1848 und 1849 gewesen –, sondern durch Eisen und Blut»,[46] lautete sein Credo bei seiner ersten großen Rede als preußischer Ministerpräsident, und entsprechend hat er gehandelt. Die deutsche Einigung war das Ergebnis von Kriegen gegen Österreich und Frankreich, die Proklamation des Deutschen Reiches erfolgte 1871 in Versailles – und stellte nicht zuletzt eine Demütigung Frankreichs dar. Bismarck legte den Grund für Entwicklungen, die das genaue Gegenteil dessen darstellten, was die liberale und soziale Bewegung angestrebt hatte: Es bildete sich eine starke, zentrale Staatsgewalt, die sich einerseits in das Kulturleben einmischte – man denke an den «Kulturkampf» und die Sozialistengesetzgebung – und sich andererseits mit der beginnenden Kolonialpolitik anschickte, wirtschaftliche Interessen zu sichern. Waren die imperialistischen Tendenzen unter Bismarck noch gezügelt durch das Bemühen um außenpolitisches Gleichgewicht, so traten sie unter Wilhelm II. deutlich schärfer hervor; die kaiserliche Flottenpolitik und deutsche Großmacht-Ambitionen waren mitverantwortlich für den Weg in die Katastrophe des 1. Weltkrieges.

In einer fünfstufigen Dynamik: Aufbruch, Scheitern, Vakuum, Einströmen von Gegenimpulsen, Weg in den Krieg stellt sich die Entwicklung des 19. Jahrhunderts dar – am Ende stand genau das Gegenteil dessen, was zu Beginn angestrebt wurde. «Wie anders», so beurteilt Rudolf Steiner diesen Zeitraum, «haben sich die Menschen die Gestaltung des politischen Lebens in den 40er Jahren gedacht, als es am Ende des 19. Jahrhunderts über die ganze zivilisierte Welt gekommen ist! Es gibt keinen größeren Gegensatz als die allerdings abstrakten, aber in ihrer Abstraktheit lichtvollen Ideen der Jahre von 1840 bis 1848, und das, was man im 19. Jahrhundert auf den verschiedensten Gebieten der Erde ‹hohe Menschheitsideale› genannt hat, was man hohe Menschheitsideale genannt hat noch bis in unsere Tage herein, bis alles in die Katastrophe hineingerutscht ist von diesen hohen Menschheitsidealen.»[47]

Abb. 3: Der «Denker-Club», Karikatur um 1820 (Foto: AKG).

Charakteristische Gestalten

Wie lässt sich dieses komplexe Geschehen in einer 9. Klasse behandeln? Es empfiehlt sich, erst im Geschichtsunterricht der 12. Klasse Schillers *Ästhetische Briefe* oder Humboldts Schrift explizit zu besprechen; in der 9. Klasse können allenfalls ausgewählte Zitate als Anregung des Unterrichtsgesprächs dienen. Als sinnvoller erweist sich ein biografischer Zugang. Nach einer Darstellung der bewegenden, schillernden Persönlichkeit Napoleons und seiner Expansionspolitik kann man schildern, wie Johann Gottlieb Fichte in Berlin unter den Augen und Ohren französischer Spitzel Vorlesungen hielt, die um die Fragen von Selbstfindung und Freiheit kreisten – Fragen, die Fichte selbst sich in den verschiedenen Ausweglosigkeiten seines Lebens mit der Praxis der Selbsterziehung beantwortet hat, gemäß seiner Tagebuchnotiz: «Da ich das Außer-mir nicht ändern kann, beschloss ich, das In-mir zu ändern.»[48] Damit ist nicht nur ein pädagogisch wertvoller Hinweis auf einen adäquaten Freiheitsbegriff gegeben, sondern auch ein erlebnismäßiger Hintergrund für die preußischen Reformen und die Freiheitskriege geschaffen. Die Zeit nach dem Wiener Kongress, der Zustand zwischen Untertanengeist und Freiheitsdrang, kann durch kontrastierende Bilder verlebendigt werden:

etwa einerseits den «Denker-Club», eine Karikatur auf die Unterdrückung der Rede- und Pressefreiheit in der Zeit um 1820 (Q 18), andererseits die Darstellung des «Hambacher Festes» mit der mitreißenden Rede Ph. J. Siebenpfeiffers (Q 19). Da schon die 8. Klasse sich schwerpunktmäßig mit der Sozialen Frage beschäftigt hat, kann hier angeknüpft und ergänzt werden, beispielsweise durch eine Schilderung des Weberaufstandes, unterstützt durch Berichte von Zeitzeugen (Q 20) und Heinrich Heines Gedicht «Die schlesischen Weber» wie durch eine biografische Skizze von Karl Marx mit Passagen aus dem Kommunistischen Manifest (Q 21).

Gab es Persönlichkeiten, die die Zeichen der Zeit verstanden und liberales und soziales Engagement miteinander verbunden haben? In diesem Zusammenhang ist Bettina von Arnim zu nennen, die sich mit gleicher Leidenschaft für die Rechte der Gebrüder Grimm auf freie Lehre und freie Meinungsäußerung eingesetzt hat wie für die Abschaffung der Todesstrafe und die Veränderung der untragbaren Zustände in den Berliner Obdachlosenunterkünften, in denen Hunderte von Verelendeten wie in Rattenlöchern hausten.[49] Aber auch die Biografien eines Ernst Abbé, Friedrich Harkort oder Stefan Born lassen sich gut darstellen.[50]

Um die komplexen Vorgänge der 48er Revolution zu verlebendigen, eignet sich eine perspektivische Schilderung. Aus der Sicht eines Carl Schurz können die Hoffnungen des Vormärz, die Barrikadenkämpfe in Berlin, der tragische Verlauf der Revolution und die Niederschlagung der letzten Aufstände in Baden miterlebt werden; gleichzeitig ist die Geschichte seiner Flucht in die USA typisch für das Schicksal vieler Revolutionäre, die Europa verlassen haben.[51]

Die völlig andere Art und Weise, wie die deutsche Einheit dann doch erreicht wurde, erschließt sich durch die Betrachtung des anekdotenreichen Lebens Otto von Bismarcks; gegensätzliche Bismarck-Darstellungen (Q 22) sowie die Gegenüberstellung einer emphatischen zeitgenössischen Stellungnahme zum Ergebnis der Reichsgründung (Q 23) und die kritische Gedenkrede Gustav Heinemanns aus dem Jahre 1971 (Q 24) bieten einen Einstieg in die Debatten, wie denn dieses Ereignis zu beurteilen sei.

Symptomatisch für die politische Atmosphäre im Wilhelminischen Kaiserreich schließlich erscheint die Anekdote des Hauptmanns von Köpenick; zusammen mit Dokumenten zum Flottenbau und zum beginnenden Kolonialismus (Q25 / Q 26) leitet sie über zur Vorgeschichte des 1. Weltkrieges; seine Behandlung kann zweierlei verdeutlichen. Einerseits wird klar, wie folgenschwer der Umschlag von einer an Ideen orientierten Politik zu einer

Abb. 4: Bismarck-Denkmal von Lederer am Millerntor, Hamburg 1939 (Foto: Ullstein).

als Realpolitik kaschierten Machtpolitik werden kann. Andererseits lässt sich, etwa durch die Lektüre von ausgewählten Passagen aus dem erschütternden Kriegsbericht Rainer Maria Remarques *Im Westen nichts Neues,* die erschreckende Wirklichkeit des modernen, technischen Krieges aufzeigen: Persönlicher Mut oder Opferbereitschaft spielen für den Ausgang der Kämpfe keine Rolle mehr, entscheidend sind die Waffenarsenale und Produktionsziffern; der Einzelne ist zum austauschbaren Rädchen einer gigantischen Kriegsmaschinerie geworden. Das desillusionierte Entsetzen, das aus den Kriegstagebüchern spricht, vermag diese Erkenntnis zu vertiefen (Q 27).

Epochenjahr 1917 und Rätebewegung

Rekapituliert man den Verlauf der Unterrichtsepoche bis zu diesem Zeitpunkt, so konnte einerseits die Intensität des Ringens um die neuzeitlichen Sozialimpulse von Freiheit, Gleichheit und Brüderlichkeit bewusst werden, andererseits aber wurden Pathologien sichtbar, die als Folge einseitiger oder mangelnder Realisierung eingetreten sind. Die Behandlung des 20. Jahrhunderts kann nun diese Motive aufgreifen, indem der Blick auf die Großmächte gelenkt wird, welche die Geschicke Europas entscheidend beeinflusst haben: die USA und die UdSSR. Dabei bietet sich an, von der Betrachtung des «Epochenjahres» 1917 auszugehen. Mit dem Kriegseintritt der USA und der Russischen Revolution wurden Systeme in Europa präsent, die in einer charakteristischen Beziehung zur Französischen Revolution stehen. Denn diese ist mit Recht als «Modellfall für alle Revolutionen der nachfolgenden Zeit»[52] bezeichnet worden. Wenn auch dieses Wort den revolutionären Kanpf um die amerikanische Unabhängigkeit, der ja schon in den Jahren 1775 – 1783 stattfand, nicht unmittelbar einbezieht, so können doch in systematischer Hinsicht Verbindungslinien gezogen werden: In der amerikanischen Entwicklung zeigen sich die Defizite der ersten, in der russischen die Gefahren der zweiten Phase der Französischen Revolution. Ob diese innere Beziehung nur knapp angedeutet wird – etwa durch den Hinweis auf Thomas Jefferson und den Marquis de Lafayette, die sowohl die amerikanische wie die Französische Revolution mitgeprägt haben, und beispielsweise das Wort Plechanows über Lenin: «Das ist der Stoff, aus dem die Robespierres gemacht werden»[53] – oder ob besonders die Russische Revolution auch in ihrem Verlauf geschildert wird, hängt sicher von den Schwerpunkten ab, die der Unterrichtende im Blick auf die Interessenlage der Schülerinnen und Schüler setzen möchte. Allerdings ist darauf zu achten, dass genügend Zeit für die Behandlung der deutschen Geschichte des 20. Jahrhunderts, besonders für den Nationalsozialismus, bleibt.

Wendet man sich nun der deutschen Entwicklung nach dem 1. Weltkrieg zu, so fällt eine ähnliche Dynamik von Aufbruch, Scheitern und Gegenimpulsen wie im 19. Jahrhundert auf, allerdings zeitlich zusammengedrängt. Dabei stellte sich der Aufbruch in einer für die Verhältnisse des Wilhelminischen Deutschland überraschenden Variante dar: In einer spontanen Volksbewegung vom November 1918, der «Rätebewegung», wurde eine Synthese von Liberalismus und Sozialismus, von Freiheit, Gleichheit und Brüderlichkeit angestrebt.[54] Als sich im Frühjahr 1919 der Widerstand der etablierten Parteien gegen diese «Rätebewegung» abzeichnete, hat Rudolf Steiner ver-

Abb. 5: Rosa Luxemburg (1870 – 1919); Foto: Ullstein.

sucht, den eher diffusen Ideen mit dem Konzept einer «Dreigliederung des sozialen Organismus» eine deutliche Perspektive zu geben. In einer von Württemberg ausgehenden Bürgerinitiative, der «Dreigliederungsbewegung», wurde um eine gesellschaftliche Realisierung gerungen. Doch vermochten sich diese Bestrebungen, ohnehin lokal begrenzt, ebenso wenig durchzusetzen wie die übrige Rätebewegung. Im Frühsommer 1919 wurde deutlich: Die deutsche Revolution war «stecken geblieben». Einige Monate später, nach dem Versailler Vertrag, der aufgrund des Postulats der alleinigen Kriegsschuld Deutschlands als diskriminierend empfunden wurde, regten sich revisionistische Tendenzen; eine «Welle von rechts», die den Aufstieg des Nationalsozialismus beförderte, erfasste die junge Republik.

Manche Elemente dieser spannungsvollen Zeit spiegeln sich im Leben Rosa Luxemburgs; die Darstellung ihrer Biografie ermöglicht einerseits, den umfassenden Räteimpuls, der sich auf Freiheit und Sozialismus richtete und besonders in ihrer Kritik an Lenin zum Ausdruck kam, zu verdeutlichen. Andererseits zeigt die Tragödie ihrer Ermordung durch Freikorpssoldaten (s.

unten, S. 104 f.), wie brutal 1919 die innenpolitische Auseinandersetzung geführt wurde.[55] Sinnvoll erscheint es zudem, gerade im Blick auf Waldorfschüler, eine Skizze der Dreigliederungsbewegung zu geben, wird dabei doch die unmittelbare Vorgeschichte der Begründung der Waldorfschule behandelt.[56] In diesem Zusammenhang lassen sich die weiterhin aktuellen Ideen einer Dreigliederung des sozialen Organismus an der Sozialgestalt der Waldorfschule erläutern; als weitgehend staatsunabhängige Schule hat sie die Chance, ein freies Geistesleben zu realisieren, in ihrer kollegialen Verfassung ohne Rektor und Hierarchien lebt das Bemühen um eine Zusammenarbeit auf der Grundlage der Gleichheit, in der bedarfsorientierten Einkommensbildung der Lehrerschaft findet das Streben nach Brüderlichkeit seinen Ausdruck. Sowohl die eigene Schule, über die bisher vielleicht wenig reflektiert wurde, wie auch die Gestalt des Schulgründers Rudolf Steiner mögen dabei für manche Schülerinnen und Schüler in einem neuen, ungewohnt politisch-revolutionären Licht erscheinen.

Aufkommen des Nationalsozialismus

Hat man, beispielsweise durch die Schilderung der Lynchjustiz gegenüber Karl Liebknecht und Rosa Luxemburg, die frühen revisionistischen Tendenzen im Kontext der Freikorps deutlich herausgearbeitet, so ist damit schon ein Übergang zur Vorgeschichte des Nationalsozialismus gegeben, der ja vielfach als Einschlag des Bösen begriffen worden ist.[57] Es sei versucht, in einigen Strichen den Charakter seiner dämonischen Dimension anzudeuten, um dann auf dieser Grundlage die didaktischen und methodischen Fragen zu behandeln.

Der Nationalsozialismus erscheint in verschiedener Hinsicht als ein Vakuumphänomen: Hitler wäre sicherlich der Trommler für versprengte oppositionell-sektiererische Gruppen geblieben, wenn nicht in der Weimarer Republik eine erschreckende Leere an kultureller Perspektive, sozialer Gestaltungskraft und politischer Stabilität entstanden wäre.

Schon 1919 hatte der Soziologe Max Weber vor Münchener Studenten ein entstehendes Sinndefizit prognostiziert: Nach dem Geltungsverlust der Religion im Zuge der Aufklärung sei eine Trivialisierung der Wissenschaft zu konstatieren; die moderne Wissenschaft, ursprünglich angetreten mit dem Ziel, die großen Lebensfragen nach dem Woher, Wohin und Wozu des Daseins sicher zu beantworten, habe sich als unfähig erwiesen, diesen Anspruch zu erfüllen. Daher sei völlig ungewiss, welche kulturellen Entwürfe die Zukunft bestimmen würden: «Nicht das Blühen des Sommers liegt vor uns, sondern zunächst eine Polarnacht von eisiger Finsternis und Härte, mag äußerlich jetzt siegen welche Gruppe auch immer. Denn: Wo nichts ist, da hat nicht nur der Kaiser, sondern auch der Proletarier sein Recht verloren. Wenn diese Nacht langsam weichen wird, wer wird dann von denen noch leben, deren Lenz jetzt scheinbar so üppig geblüht hat? Und was wird aus ihnen allen dann innerlich geworden sein? Verbitterung oder Banausentum, einfaches stumpfes Hinnehmen der Welt und des Berufes oder das dritte und nicht seltenste: Mystische Weltflucht bei denen, welche die Gabe dafür haben, oder – oft und übel – sie als Mode sich anquälen?»[58]

Der historische Rückblick zeigt, dass sich Max Webers Prognose in erschütternder Weise erfüllt hat. Das aufkommende Banausentum stand nicht mehr in der Traditionslinie abendländischer Rationalität, sondern fußte auf den Irrationalismen der völkischen Anschauungen: Die Mystifizierungen von Blut und Boden, Fahne und Führerkult überschwemmten das Bewusstsein.

Den Nährboden für die Verbreitung der mit Ressentiments gegenüber dem Judentum aufgeladenen Parolen stellte vielfach die Tatsache des sozialen Abstiegs oder zumindest seine drohende Perspektive dar: Nach der Weltwirtschaftskrise und der Deflationspolitik der Regierung Brüning stieg die Zahl der Arbeitslosen im Winter 1932/33 auf über sechs Millionen an. Die soziale Ideenlosigkeit zog ein politisches Vakuum nach sich: Immer weniger Menschen ließen sich von dem Sinn eines demokratischen Systems überzeugen. Weimar entwickelte sich zu einer «Republik ohne Republikaner», der entstehende Leerraum wurde durch die einander bekämpfenden außerparlamentarischen Strömungen des Kommunismus und Nationalsozialismus besetzt.

Adolf Hitler

Ähnlich wie bei der Betrachtung der gesellschaftlichen Umbrüche erweist sich die Kategorie des «Vakuums» auch als hilfreich für das Verständnis der Person Adolf Hitler. Denn es fällt schwer zu begreifen, wie ein Mann, der erst im zweiten Anlauf den Realschulabschluss erreichte, bei der Aufnahmeprüfung für die Kunsthochschule zweimal scheiterte und es im Krieg nur bis zum Gefreiten brachte, deutscher Reichskanzler werden konnte. Untersucht man auf diesem Hintergrund das Persönlichkeitsprofil Hitlers, so fällt die Widersprüchlichkeit seiner psychischen Konstitution auf. Hitler war keinesfalls so willensstark, wie vielfach geglaubt wird, vielmehr gab es lange Perioden, wo er offensichtlich von einer ausgesprochenen Willenslähmung ergriffen war. Der Architekt Albert Speer, enger Mitarbeiter des Führers, hat aus eigenem Erleben die lähmende Monotonie und konventionelle Starre der Wochen geschildert, die Hitler auf dem Berghof oberhalb von Berchtesgaden zur Vorbereitung auf die Nürnberger Parteitage verbracht hat.[59]

Nach seiner Darstellung erschien Hitler spät, meist erst gegen elf Uhr, in den unteren Räumen, arbeitete die Presseinformationen durch und traf erste Entscheidungen. Den eigentlichen Tagesablauf leitete ein ausgedehntes Mittagessen im Kreise der engsten Vertrauten ein, daran schloss sich ein halbstündiger Spaziergang zu einem eigens errichteten Teehaus an Hitlers bevorzugtem Aussichtsplatz an. Der Nachmittag ging unter belanglosen Gesprächen oder langen Monologen des Führers dahin, gelegentlich nickte Hitler ein, sodass sich die Gesellschaft im Flüsterton unterhielt in der Hoffnung, er werde rechtzeitig zum Abendbrot wieder aufwachen. Beschlossen wurde der Tag durch eine ausgedehnte Filmvorführung, nach der die gleiche Runde noch beim «Small talk» beisammensaß, bis sich Hitler und seine Freundin Eva Braun gegen zwei Uhr in die oberen Räume zurückzogen. «Diesen lähmenden Stunden», erinnert Speer, «folgte oft ein ausgelassenes Zusammensein der befreit Zurückbleibenden bei Sekt und Cognac.»[60]

Allerdings stellt diese Erstarrung nur eine Seite von Hitlers seelischer Verfassung dar. Die Phasen des Sich-treiben-Lassens wurden abgelöst durch Zeiten äußerster Willensanspannung. Wenn der Termin des Parteitages näher rückte, auf dem die langen Grundsatzreden zu halten waren, und Hitler sich dem Drängen seiner Adjutanten, doch mit dem Diktat anzufangen, nicht länger entziehen konnte, ging er unter äußerstem Zeitdruck unwillig an seine Pflichtaufgabe heran und musste dann in Nürnberg zumeist noch die Nächte zu Hilfe nehmen, um die vergeudete Zeit aufzuholen.

Eine ähnliche Widersprüchlichkeit zeigt sich auch im emotionalen Bereich: Anfälle hitzigster Gefühlsaufwallungen kontrastierten mit Zeugnissen berechnender Gefühlskälte. So scheute sich Hitler nicht, im Beisein von Eva Braun ausführliche Betrachtungen darüber anzustellen, wie vorteilhaft es sei, wenn intelligente Menschen «sich eine primitive und dumme Frau nehmen».[61] Auf dem Felde des Intellektuellen ein ähnliches Bild: Einerseits besaß Hitler auf manchen Gebieten eine verblüffende Detailkenntnis, andererseits verlor er sich in Fantasien und Projekten, in denen – wie Hitlers Biograf J. C. Fest urteilt – «sachliche Inkompetenz, Besserwisserei und Unduldsamkeit miteinander wetteiferten».[62]

Somit ergibt sich dem analytischen Blick eine durchgehende psychische Signatur: Niemals gewinnt man den Eindruck, dass ein selbstbewusstes Ich die Gedanken, Gefühle und Willensimpulse führt, beherrscht und koordiniert; vielmehr erscheint Hitlers innerstes Wesen wie ein Leerraum, der einströmende Assoziationen, Stimmungen und Impulse förmlich ansog. Dieser mediale Charakter Hitlers trat besonders bei den öffentlichen Reden zutage, sie luden die im Alltag eher belanglose Persönlichkeit des Führers mit einem Kraftpotenzial auf, das sich aus der Kommunion eines medial begabten Rhetors mit einer ihm völlig hingegebenen, kritiklosen Masse erzeugte.

Entsprechend waren die Kundgebungen vorbereitet. Während Fahnen und Marschrhythmen die Masse in einen Zustand erwartungsvoller Unruhe versetzten, saß Hitler, selber nervös, pausenlos Mineralwasser trinkend, in einem Hotelzimmer oder einer Parteigeschäftsstelle, ließ sich mit Stimmungsberichten aus dem Saal versorgen und gab gelegentlich selbst noch die Order zu pointierten Durchsagen. Erst wenn die Stimmung ihren Höhepunkt erreicht hatte, so schildert es Joachim C. Fest, trat er auf: «In einem gleich bleibenden Ritual grundsätzlich von hinten und stets begleitet vom ‹Badenweiler Marsch›, dessen fern sich ankündigender Klang das Geraune verstummen ließ und die Menschen, mit erhobenem Arm ins Leere schreiend, von den Sitzen holte – überwältigt in jenem Doppelsinn manipulierter und beseligter Existenz: ER war nun da ... Er verbat sich Einleitungsreden oder Begrüßungen, die nur von seiner Person wegführten. Einige Augenblicke blieb er vor dem Podium, mechanisch Hände schüttelnd, stumm, abwesend, mit ruhelosem Blick, doch medial bereit, sich von der Kraft erfüllen und emporführen zu lassen, die sich im Schrei der Massen ankündigte. Die ersten Worte fielen gedämpft und tastend in die atemlose Stille, oft ging ihnen eine minutenlange und bis ins Unerträgliche gesteigerte Sammlungspause voraus. Der Anfang blieb eintönig, trivial, zumeist verharrend bei der Legende seines Aufstiegs: ‹Als ich im Jahre 1918 als namenloser Frontsoldat ...› Mit diesem formelhaften Beginn verlängerte er nicht nur die Spannung noch einmal bis in die Rede selbst hinein, er diente ihm vielmehr auch dazu, Witterung zu nehmen, sich einzustimmen. Ein Zwischenruf konnte ihn dann unvermittelt inspirieren: zu einer Antwort, einer zuspitzenden Bemerkung, bis der erste begierig erwartete Beifall aufbrandete, der ihm Kontakt verschaffte, ihn rauschhaft steigerte ...»[63] Dann, etwa nach einer

Abb. 6: Reichsparteitag der NSDAP 1937 in Nürnberg; Lichtdom während des Appells der politischen Leiter auf dem Zeppelinfeld (Foto: Ullstein).

Viertelstunde, trat ein, was sich mit dem Begriff der «Besessenheit» umreißen lässt: Völlig aus sich herausgehend trieb er die metallisch verwandelte Stimme unnachsichtig in die Höhe, schleuderte die Worte eruptiv aus sich heraus, begleitet von einer wilden, explosiven Gestik, und beendete die Auftritte nicht selten mit einem Treueschwur, den er die Versammlung nachsprechen ließ, oder rief, den Blick an die Saaldecke geheftet, rau und mit überschnappender Leidenschaft unablässig: «Deutschland, Deutschland, Deutschland», bis die Massen in den suggestiven Taumel einstimmten und das Geschrei in eines der Kampf- oder Pogromlieder überging. Hitlers Bekenntnis, er sei nach seinen Reden regelmäßig «klitschnass gewesen und habe vier bis sechs Pfund Gewicht verloren»,[64] macht symptomatisch deutlich, was sich bei diesen Reden abspielte: Die Willensenergien eines «Führers», der eigentlich zum «Geführten» wurde, indem er sich den Mächten des Hasses öffnete, steigerten sich mit den Willensenergien einer hingegebenen Masse zur Hypnose kollektiver Destruktivität.

Dass ein solches propagandistisches Wirken sich nicht an die Instanz wacher Urteilskraft wandte, sondern ihre Durchschlagskraft aus dem Appell an unterbewusste Schichten der Psyche gewann, war beabsichtigt; das Denken sollte durch die Wiederholung eingängiger, stets gleicher Parolen mechanisiert, das Fühlen durch Symbole mit okkultem Hintergrund – etwa dem Hakenkreuz – uniformiert,[65] der Wille durch die Massenaufmärsche und Demonstrationen brutaler Macht beeindruckt werden.

Besonders infam war, dass es die führenden Nationalsozialisten erfolgreich darauf anlegten, die latenten pseudo-religiösen Sehnsüchte der Massen anzusprechen. So erzielte Albert Speer eine tiefe Wirkung, indem er bei den Abendveranstaltungen im Rahmen des Nürnberger Parteitages 130 Flakscheinwerfer mit einer Reichweite von sechs bis acht Kilometern um das Versammlungsfeld aufstellen ließ, sodass ein Lichtdom entstand (Abb. 6), der die Versammelten auf die magischen Beschwörungen Hitlers einstimmte: «Wie fühlen wir nicht wieder in dieser Stunde das Wunder, das uns zusammenführte! Ihr habt einst die Stimme eines Mannes vernommen, und sie schlug an eure Herzen, sie hat euch geweckt, und ihr seid dieser Stimme gefolgt. Ihr seid ihr jahrelang nachgegangen, ohne den Träger der Stimme auch nur gesehen zu haben; ihr habt nur eine Stimme gehört und seid ihr gefolgt.

Wenn wir uns hier treffen, dann erfüllt uns alle das Wundersame dieses Zusammenkommens. Nicht jeder von euch sieht mich und nicht jeden von euch sehe ich. Aber ich fühle euch und ihr fühlt mich! Es ist der Glaube an unser Volk, der uns kleine Menschen groß gemacht hat, der uns arme Menschen reich gemacht hat, der uns wankende, mutlose, ängstliche Menschen tapfer und mutig gemacht hat; der uns Irrende sehend machte und der uns zusammenfügte.»[66]

Als letzte Konsequenz einer solchen menschenverachtenden Strategie erscheint die erschütternde Verantwortungslosigkeit der Mitläufer: Die Aussage des Hauptzuständigen für den organisatorischen Ablauf der Judenvernichtung, Adolf Eichmann, nicht schuldig zu sein, da er nur gehorcht habe, fasst in entlarvender Weise die Haltung vieler nationalsozialistischer Amtsträger, die sich nach dem Kriege als bloße «Mitläufer» charakterisierten, zusammen.[67] Somit weist die NS-Diktatur in der angedeuteten Perspektive auf eine Problematik von größter nicht nur gesellschaftlicher, sondern auch menschlicher Tragweite hin: Das Böse erscheint in seiner ganzen dämonischen Wucht als Folge kollektiver Verantwortungslosigkeit.

Wie lässt sich diese Dimension des Geschehens im Unterricht behandeln? In einer 9. Klasse erweist es sich als wenig ergiebig, die komplizierten politisch-parlamentarischen Verhältnisse in der Weimarer Republik mit den verschiedenen Parteien, ihrer jeweiligen Programmatik und ihren wechselnden Koalitionen detailliert zu behandeln – das kann getrost der 12. Klasse vorbehalten bleiben. Wichtiger erscheint es zu verdeutlichen, wie sich der Aufstieg des Nationalsozialismus vollziehen konnte; der Revisionismus der Dolchstoßlegende und des Kapp-Putsches sind hier ebenso zu betrachten wie die Gründung der DAP, der Hitler-Putsch und die Weltwirtschaftskrise mit der folgenden Massenarbeitslosigkeit.

Roter Faden einer Darstellung kann die Biografie Hitlers sein; in seiner Wut auf die «Novemberverbrecher», seinem Ressentiment gegenüber Kommunisten und Juden, seiner Suche nach dem Sündenbock für das soziale Chaos und seiner Verachtung des Parlamentarismus verdichtet sich Symptomatisches seiner Zeit. Gleichzeitig schafft eine solche Schilderung die Möglichkeit, auf den schon in seiner Kindheit veranlagten autoritären Charakter Hitlers einzugehen sowie die Methoden seiner politischen Propaganda zu beleuchten; eine besondere Rolle spielen dabei, wie schon ausgeführt, seine Reden und Auftritte als Mittel der Massensuggestion.

Ein weiterer Unterrichtsschritt wird sich mit der Innenpolitik, der Errichtung des Führerstaates, beschäftigen. Nachdem mit der Brandverordnung nach dem Reichstagsbrand die Grundrechte außer Kraft gesetzt waren und mit dem Ermächtigungsgesetz das Parlament selbst abgedankt hatte, ging Hitler mit offener Brutalität an die Ausschaltung der politischen Gegner: der kommunistischen und bürgerlichen Oppositionellen sowie eventueller Rivalen in der SA. Besonderes Gewicht wird darauf zu legen sein, einen Eindruck von der Rassenlehre und der Entrechtung und Verfolgung der Juden zu vermitteln; die Analyse eines Ausschnitts aus einer offiziellen Informationsbroschüre über die Rassenlehre (Q 28) eignet sich hier ebenso wie die Betrachtung von Heiratsannoncen (Q 29) oder die karikierende Darstellung aus einem Kinderbuch des Jahres 1935, welche den Auszug der hässlichen Juden aus Deutschland zum Thema hat (Q 30).

Wesentlich erscheint zudem, die Gleichschaltung der Gesellschaft an Lebensgebieten zu erläutern, die den Jugendlichen vertraut sind, etwa an der Durchorganisierung der deutschen Jugend gemäß Hitlers bekannter Aussage, dass sie nicht mehr «frei werden, ihr ganzes Leben» (Q 31), an Dokumenten aus dem Schulalltag (Q 32/33) oder einem Tischgebet, das den Führer verherrlicht (Q 34).

Der Weg in den Krieg und die Judenvernichtung stellt ein letztes Kapitel der Behandlung des Nationalsozialismus dar. Im Rückgriff auf den Versailler Vertrag kann dargestellt werden, wie Hitler Schritt für Schritt dieses «Diktat», wie er es nannte, im Namen des Selbstbestimmungsrechts der Völker revidierte, beginnend mit dem Einmarsch ins entmilitarisierte Rheinland, der Wiederaufrüstung und dem Anschluss Österreichs und Sudetendeutschlands, bis er dann bei der Zerschlagung der Tschechoslowakei und dem Angriff auf Polen den expansiven Charakter seiner Außenpolitik offen zeigte. Angesichts gegenwärtig wieder aufbrechender revisionistischer Tendenzen erscheint es sinnvoll, durch einen Blick auf die tatsächlichen Abläufe die deutsche Verantwortung für den Kriegsausbruch deutlich herauszuarbeiten; das Kriegsgeschehen selbst kann demgegenüber knapp skizziert werden.

Eine schwere, aber für das Selbstverständnis der Jugendlichen als Deutsche unerlässliche Aufgabe ist es, einen Eindruck vom Ausmaß des nationalsozialistischen Völkermordes, besonders der Judenvernichtung, zu vermitteln. Dokumente von der Mordpraxis in den Konzentrationslagern sowie Tagesbefehle an die Ostarmee und Ausschnitte aus Kriegstagebüchern vermögen eine erste Ahnung von der Dimension der begangenen Verbrechen hervorzurufen. Eine stärkere erlebnismäßige Betroffenheit geht von biografischen Schilderungen aus; Referate über das Schicksal von Anne Frank oder die Erlebnisse Jacques Lusseyrans in Buchenwald beziehen die Schülerinnen und Schüler selbst in das Darstellen ein. Solche und andere Lebensberichte sind auch unter einem weiteren Gesichtspunkt fruchtbar: Die Schülerinnen und Schüler sehen sich nicht nur mit den schrecklichen Ereignissen der Vergangenheit konfrontiert, sondern erfahren gleichzeitig, wie es Menschen auch unter furchtbarsten Bedingungen gelingen kann, ihre Würde und schöpferische Kraft zu bewahren. Aus dem gleichen Grunde bietet es sich an, der Behandlung des Widerstandes gegen den Nationalsozialismus breiten Raum zu geben; durch das Eingehen auf die «Weiße Rose», die Verschwörer vom 20. Juli 1944 oder auch auf Gruppen von oppositionellen Jugendlichen, die «Edelweißpiraten» und den kommunistischen Widerstand, kann deutlich werden, wie unterschiedliche Persönlichkeiten sich im gemeinsamen Kampf gegen den Totalitarismus trafen.[68] Der Aufstand des Gewissens, wie er vielfach im Widerstand lebte, stellt die exakte geistige Gegenkraft zur Auslöschung der Individualität dar, welche das Grundprinzip des Nationalsozialismus bildete.

Mit dem Motiv von Widerstand und Gewissen ist etwas angesprochen, was als herausfordernde Problematik den ganzen weiteren Verlauf des 20. Jahrhunderts begleitet. Denn durch die Entwicklung der Atombombe und der weiteren Massenvernichtungswaffen ist die Menschheit erstmalig in ihrer Geschichte vor die Perspektive einer möglichen Selbstvernichtung gestellt worden. Die daraus resultierenden historischen, vor allem aber aktuellen Fragen beschäftigen die Heranwachsenden in intensiver Weise: Wie und warum wurden die ersten Atombomben eingesetzt? Wie haben sie gewirkt? Wie groß ist das Zerstörungspotenzial der gegenwärtigen Waffen, welche Bedrohungen gehen von ihnen aus? Ist es berechtigt, Atomwaffen im Rahmen einer militärischen Abschreckungsstrategie zu bauen und zu testen?

Solche und ähnliche Fragen, bis hin zum Abwägen der Alternative von Wehrdienst und Wehrdienstverweigerung, lassen sich besprechen, wenn man die Geschichte vom Einsatz der ersten Atombomben exemplarisch mit einer gewissen Ausführlichkeit behandelt; wichtige Hintergrundinformationen bietet dazu Robert Jungks Dokumentation über das Schicksal der Atomforscher *Heller als tausend Sonnen.*[69]

Eine erste Erfahrung mit der Zerstörungskraft der neuen Waffe machten die Wissenschaftler, die in der künstlichen Atomstadt Los Alamos im Süden der USA zusammengezogen waren, beim Testabwurf der eben konstruierten Bombe: Die Wucht der Explosion übertraf um das 20- bis 30-fache die Schätzungen und führte dazu, dass die anwesenden Wissenschaftler und Militärs das Erleben in Worten aus dem Sprachgebrauch von Mythos und Theologie beschrieben. General Farrell äußerte zum Beispiel: «Das ganze Land war erhellt von einem versengenden Licht, dessen Stärke viele Male größer war als das der Mittagssonne … 30 Sekunden später kam zuerst die Explosion, der Luftdruck prallte hart gegen die Leute und Dinge, und dann folgte fast unmittelbar ein lautes, anhaltendes schauerliches Donnern, wie eine Warnung vor dem Jüngsten Tag, das uns spüren ließ, dass wir winzige Wesen in blasphemischer Weise wagten, an die Kräfte zu rühren, die bis dahin dem Allmächtigen vorbehalten waren. Worte reichen nicht aus, um denen, die nicht dabei waren, den Eindruck wiederzugeben, den wir körperlich, geistig und seelisch erfuhren. Man muss Zeuge gewesen sein, um es sich vorzustellen.»[70]

Was hier noch Test war, wurde zur mörderischen Realität beim Abwurf der Bomben über Hiroshima und Nagasaki. Es fällt schwer, das Ausmaß der

Zerstörungen und die Leiden der Betroffenen vorzustellen und mitzuempfinden; zeitgenössische Berichte vermögen allenfalls Andeutungen zu geben (Q 35). Wichtig erscheint vor allem, mit den Schülerinnen und Schülern über die Frage der Verantwortung zu sprechen. Wer war schuldig, wer mitschuldig? Wie lässt sich ein neues Hiroshima verhindern?

Das Schicksal von Claude Eatherly erscheint in diesem Zusammenhang bedeutend. Eatherly war einer der Piloten, die am Ende des Zweiten Weltkrieges beim Angriff auf Hiroshima zum Einsatz kamen. Als die unfassliche Dimension der angerichteten Vernichtung bekannt wurde, lehnte er als Einziger die ihm zugedachten militärischen Ehrungen ab. Es wird berichtet, er habe nach den erschütternden Erlebnissen tagelang mit niemandem gesprochen und sich völlig isoliert. Nach 14-tägigem Aufenthalt in einer New Yorker Klinik verließ Eatherly die Armee und versuchte, Anschluss an das normale Leben zu finden. Seit 1943 war er verheiratet, hatte Kinder, Haus und Garten; sein Beruf als Angestellter eines Petroleumkonzerns bot soziale Aufstiegschancen.

Doch die Hoffnung auf ein «stilles Glück» erwies sich als Illusion. Nachts meinte der frühere Pilot die schmerzverzerrten Gesichter der im Atomblitz verbrannten Kinder vor sich zu sehen, Beruhigungsmittel konnten sie nicht verscheuchen. Nun beginnt die Zeit, in der er Geldscheine in Kuverts stopft und an Hilfsorganisationen nach Hiroshima schickt. Als Präsident Truman 1950 bekannt gibt, Amerika werde die Wasserstoffbombe bauen, versucht sich Eatherly das Leben zu nehmen. Doch er wird lebend gefunden und nach einer mehrwöchigen psychiatrischen Behandlung entlassen. In vollständiger Verzweiflung verfällt Eatherly auf den Gedanken, den Nimbus des Kriegshelden endgültig zu zerstören, indem er kriminelle Delikte begeht. Das Geld fließt entweder in Stiftungen, die sich um Waisenkinder von Hiroshima kümmern, oder es wird überhaupt nicht angetastet. Mehrfach wird er zu kleinen Strafen mit mildernden Umständen verurteilt. Endlich erscheint kein anderer Weg gangbar, als den «Schuldkomplex» in einer Nervenheilanstalt mit massiven Drogen zu bekämpfen – ein hoffnungsloser Fall.

Was dann geschieht, hat Barbara Nordmeyer treffend als «Wunder der Menschlichkeit»[71] beschrieben. Im Frühjahr 1959 bekommt der in Wien lebende Philosoph Günther Anders in einer amerikanischen Zeitung eine Nachricht über Eatherly zu Gesicht. Unmittelbar erkennt Anders die exemplarische Bedeutung dieses Schicksals. In einem ausgedehnten Briefwechsel hilft er dem viel Jüngeren, seine Empfindungen gedanklich zu durchdringen.[72] Im Zeitalter der Massenvernichtungsmittel verkörpere er, Claude, eine neue, «moderne» Moralität. Denn im Gegensatz zu einem Eichmann, der als «Schreibtischtäter» die Vernichtung von Millionen Juden organisiert und jegliche Schuld mit dem Hinweis abgestritten habe, er sei doch nur ein untergeordneter Vollzugsbeamter gewesen, stehe Claude zu seiner Verantwortung: «Du hast dich nicht klein gemacht und dich nicht mit dem Satze: ‹Aber ich war ja nur ein Schräubchen, also bin ich nicht schuldig›, zu entlasten versucht, sondern umgekehrt erklärt: ‹Wenn wir als Schräubchen so furchtbar schuldig werden können, dann müssen wir es verweigern, in diesem Sinne Schräubchen zu bleiben.›»[73]

Was alle psychoanalytischen Methoden nicht vermocht haben, erreicht die geistige Begegnung: Von dem Briefwechsel geht nicht nur Ermutigung, sondern auch Gesundung aus. Doch je deutlicher Eatherly das Tragische seines Schicksals durchschaut und sich zum konsequenten Kriegsgegner entwickelt, umso weniger ist man bereit, ihn aus dem Militärhospital zu entlassen. Als er endlich im August 1961, nach vielfältigen Schreiben, Eingaben und Petitionen von Günther Anders, u. a. auch an Präsident Kennedy, freikommt, setzt sich Eatherly für den Kampf gegen die Atombombe ein.[74]

Hat man auf solche Weise die moralische Dimension der mit dem Atomzeitalter zusammenhängenden Fragen berührt, stellt sich die tragische Entwicklung der Nachkriegszeit in einem schärferen Licht dar. Denn die neue Waffe wurde schon auf der Konferenz von Potsdam als Druckmittel im politischen Kalkül eingesetzt, der kalte Krieg der Großmächte mit ihren kontroversen Ideologien von Kapitalismus und Kommunismus, verbunden mit einem atemberaubenden Rüstungswettlauf, bestimmte die Nachkriegszeit.

Zwei deutsche Staaten

Gab es 1945 noch einmal, nach 1848 und 1919, in Deutschland die Möglichkeit eines politischen Aufbruchs im Sinne einer Synthese von Liberalismus, Demokratie und Sozialismus? Blickt man auf die Biografien der führenden Politiker, Konrad Adenauer und Walter Ulbricht, so wird schnell deutlich, wie stark sie die politischen Vorstellungen der Besatzungsmächte in West und Ost übernahmen – der Weg zur deutschen Teilung war früh vorgezeichnet. Schon im Oktober 1945 sprach sich Adenauer für eine Westorientierung aus: «Russland entzieht sich immer mehr der Zusammenarbeit mit den anderen Großmächten und schaltet in den von ihm beherrschten Ländern völlig nach eigenem Gutdünken. In den von ihm beherrschten Ländern herrschen schon jetzt ganz andere wirtschaftliche und politische Grundsätze als im übrigen Teil Europas. Damit ist die Trennung in Osteuropa, das russische Gebiet, und Westeuropa eine Tatsache ... Der nicht von Russland besetzte Teil Deutschlands ist ein integrierender Teil Westeuropas ... Es liegt im eigensten Interesse nicht nur des nicht von Russland besetzten Teil Deutschlands, sondern auch von England und Frankreich, Westeuropa unter ihrer Führung zusammenzuschließen, den nicht russisch besetzten Teil Deutschlands politisch und wirtschaftlich zu beruhigen und wieder gesund zu machen.»[75]

Auf der anderen Seite ließen die Direktiven Walter Ulbrichts für den Aufbau der Verwaltung in der sowjetisch besetzten Zone keinen Zweifel daran, dass die zukünftige Ordnung Ostdeutschlands die eines autoritären Sozialismus sein werde: «Die Bezirksverwaltungen müssen politisch richtig zusammengestellt werden. Kommunisten als Bürgermeister können wir nicht brauchen, höchstens im Wedding oder in Friedrichshain. Die Bürgermeister sollen in den Arbeiterbezirken in der Regel Sozialdemokraten sein. In den bürgerlichen Vierteln ... müssen wir an die Spitze einen bürgerlichen Mann stellen, einen, der früher dem Zentrum, der Demokratischen oder Deutschen Volkspartei angehört hat. Am besten, wenn er ein Doktor ist; er muss aber gleichzeitig auch Antifaschist sein und ein Mann, mit dem wir gut zusammenarbeiten können ... Und nun zu unseren Genossen. Der erste stellvertretende Bürgermeister, der Dezernent für Personalfragen und der Dezernent für Volksbildung – das müssen unsere Leute sein. Dann müsst ihr noch einen ganz zuverlässigen Genossen in jedem Bezirk ausfindig machen, den wir für den Aufbau der Polizei brauchen ... Es ist doch ganz klar: Es muss demokratisch aussehen, aber wir müssen alles in der Hand haben!»[76]

In diesem Zusammenhang lohnt es sich, ein Wort von Jakob Kaiser, Gewerkschafter und Vorsitzender der CDU in der sowjetisch besetzten Zone, zu erwähnen; im Blick auf die Frage nach der Aufgabe Deutschlands in der Mitte Europas skizzierte er im Jahre 1946 die Perspektive einer Brückenfunktion durch die Vereinigung von Freiheit, Gleichheit und Brüderlichkeit: «Mir scheint für Deutschland die große Aufgabe gegeben, im Ring der europäischen Nationen die Synthese zwischen östlichen und westlichen Ideen zu finden. Wir haben Brücke zu sein für West und Ost, zugleich aber suchen wir unseren eigenen Weg zu gehen zu neuer sozialer Gestaltung ... Ich sehe den Sinn des für uns so schmerzlichen Geschehens in der gegenseitigen Befruchtung der Nationen, in der gegenseitigen Abstimmung auf eine europäische

Gemeinschaft, die ganz Europa zu sozialen Formen kommen lässt, die eine neue dauernde Verständigung möglich macht.»[77]

Ein solches Konzept erscheint gegenwärtig keineswegs überholt; vielmehr ist es durch die Erfahrung der Einseitigkeiten, wie sie sich in den beiden deutschen Staaten zwischen 1949 und 1989 ausgeprägt haben, eher noch aktueller geworden.

Wie lassen sich diese Einseitigkeiten charakterisieren und im Unterricht behandeln? Die gesellschaftliche Pathologie der DDR – das war auch der Grund ihres Untergangs – bestand in der Unfreiheit des geistigen Lebens; ein auf einer doktrinären Idee beruhender Einheitsstaat unterband innovative Ideen und lähmte die gesellschaftliche Initiative. Die Praktiken bei dem Versuch, die zukünftigen Kader in das Korsett kommunistischen Denkens und partei- und staatskonformen Verhaltens zu pressen, finden sich in der Autobiografie Brigitte Klumps eindrucksvoll-plastisch geschildert; das durch die Stasi initiierte Spitzelsystem, das die Fakultät für Journalistik von Leipzig durchzog, an der Brigitte Klump, aber auch Rainer Kunze und Helga Nowak studierten, vermittelt exemplarisch einen Eindruck von dem psychischen Druck, der die Alltagsrealität vieler DDR-Bürger prägte.[78]

Demgegenüber sind die Einseitigkeiten, in die das Wirtschaftswunderland Bundesrepublik geriet, schwerer zu greifen. Doch zeigen die Reportagen eines Günter Wallraff,[79] aber auch Darstellungen aus der Studentenbewegung[80] die Problemzonen einer Ordnung, welche die Fragen sozialer Gerechtigkeit – auch in den internationalen Wirtschaftsbeziehungen – der Effektivität ökonomischen Wachstums unterordnete.

Deutsche Einheit und internationale Perspektiven

Nicht nur auf dem Hintergrund der Nachkriegsgeschichte, sondern auch auf der Folie des gesamten Epochenaufbaus erscheint damit die Wiedervereinigung Deutschlands, die sich ja in engem Kontext mit den Umgestaltungen in der UdSSR, mit Gorbatschows «Glasnost» und der «Perestroika», vollzogen hat, als eine immense Herausforderung: Wird im Blick auf die in der Französischen Revolution aufgebrochenen Impulse des Liberalismus, der Demokratie und des Sozialismus ein neuer Schritt in Richtung einer fruchtbaren Synthese möglich sein, oder drohen weitere Pathologien und Totalitarismen? Dass sich eine solche Frage bei der internationalen Verflechtung der Gegenwart nicht im Sinne eines nationalen Sonderweges lösen lässt, sollte abschließend deutlich werden; in diesem Zusammenhang ist eine Beschäftigung mit der europäischen Einigung sowie den internationalen Organisationen sinnvoll. Dabei wird die mit den ethnischen Säuberungen Miloševićs und dem anschließenden Nato-Einsatz auf dem Balkan aufgebrochene Frage zu diskutieren sein, inwieweit es als legitim erscheint, das völkerrechtliche Prinzip der Nicht-Einmischung zu durchbrechen, um den Schutz elementarer Menschenrechte mit Gewalt durchzusetzen. Somit weitet sich gegen Ende einer Epoche, die in weiten Teilen die Geschichte Deutschlands in den Mittelpunkt rückte, der Blick einerseits auf die globalen Verhältnisse – je nach zur Verfügung stehender Zeit bietet es sich dabei an, exemplarisch auf Menschen wie Gandhi (s. unten, S. 129 ff.), Martin Luther King oder Nelson Mandela hinzublicken, die den antikolonialen Kampf bzw. die Emanzipationsbewegung der Farbigen vorangetrieben haben –, andererseits sollte deutlich werden, dass sich seit einigen Jahrzehnten ein tiefgreifender Bewusstseinswandel vollzieht: Das Entstehen der ökologischen Frage weist darauf hin, dass sich der Impuls der Brüderlichkeit auf das Verhältnis zur Natur ausweitet. Ob in diesem Kontext Greenpeace-Aktionen, lokale Initiativen oder Blockaden von Atomtransporten vorgestellt und diskutiert werden, wird von der Interessenlage von Klasse und Lehrendem abhängen.

Überhaupt empfiehlt es sich, täglich ein Kurzreferat – nicht länger als fünf Minuten – vortragen zu lassen, in dem von einem aktuellen Ereignis berichtet wird, das eine Schülerin oder ein Schüler selbst ausgewählt hat. Auf diese Weise wird bald sichtbar, wo die latenten Fragen der Heranwachsenden liegen. Zudem werden sich vielfältige Berührungspunkte mit den behandelten Unterrichtsinhalten ergeben, sodass Geschichte nicht als Sammelsurium von Vergangenem erscheint, sondern als fruchtbare Erinnerung, die im Besinnen auf die Lebensziele, das Ringen und Scheitern von Menschen vergangener Generationen hilft, Zukunft sinnvoll zu gestalten.

II. Exemplarische Darstellungen

1. Mirabeau und Robespierre – repräsentative Gestalten der Französischen Revolution

In der Darstellung über Aufbau und Inhalt der Geschichtsepochen der 9. Klasse (S. 31 ff.) ist schon auf den unterschiedlichen Charakter der ersten, «bürgerlichen» Phase der Französischen Revolution, in der das Ringen um die Freiheitsrechte im Mittelpunkt stand, und der zweiten, «radikalen» Phase mit dem Postulat sozialer Gerechtigkeit hingewiesen werden. Diese Differenz kann im Unterricht durch die Behandlung von zwei so gegensätzlichen Gestalten wie dem Grafen Mirabeau und Maximilien Robespierre herausgearbeitet werden; ihr Leben und Wirken, das im Folgenden skizziert werden soll, hat jeder dieser Phasen ihre spezifische Signatur gegeben.

Graf Mirabeau

Gabriel-Honoré Riquetti von Mirabeau wurde am 9. März 1749 auf Schloss Bignon in der Provence als erstes Kind einer der angesehensten Adelsfamilien des Landes geboren.[81] Offensichtlich stand seine Geburt unter keinem günstigen Stern: Er kam mit einem riesigen Kopf, einem verdrehten Fuß und zwei Zähnen zur Welt. «Erschrecken Sie nicht», sagte die Amme beschwichtigend, als sie dem Vater den Sprössling zeigte. Doch der erschrak. Und sein Entsetzen steigerte sich noch, als das Gesicht des Kindes im Alter von drei Jahren nach nachlässig behandelten Blattern von tiefen Narben entstellt blieb. Wütend schrieb er an seinen Bruder: «Dein Neffe ist so hässlich wie der Neffe Satans.» Das war nicht das Kind, das er ersehnt hatte! Ein Adliger hatte schön, schlank und elegant zu sein! Der Vater begann seinen Sohn zu hassen. Ab dem Alter von sechs Jahren wurde Gabriel-Honoré immer wieder gezüchtigt und gedemütigt. Kaum erlaubte er sich einen Kinderstreich, so musste er – noch keine zehn Jahre alt – anhören, wie der Vater herumtobte: «Mein

Erstgeborener wird meinen Namen verraten!» Oder er äußerte sich, zwei Jahre später, über seinen Sohn in äußerster Empörung: «Er gleicht einer im Schmutz daherkriechenden Raupe, die sich nie entpuppen wird.»

Kann es verwundern, dass sich das vereinsamte Kind, dessen Intelligenz und Schlagfertigkeit niemand bezweifeln konnte, in Großspurigkeit flüchtete, zumal seine Mutter die feindselige Atmosphäre nur wenig entspannen konnte? Gabriel-Honoré war froh, als er mit vierzehn Jahren das väterliche Schloss verlassen durfte und zur weiteren Ausbildung – bis dahin hatte er einen Hauslehrer gehabt – in das damals berühmte Internat des Abbé Choquart eintrat, wo neben den körperlichen Ertüchtigungen, den militärischen Übungen und den traditionellen Fächern wie Sprachen, Mathematik und Musik auch die noch junge Wissenschaft der politischen Ökonomie unterrichtet wurde. Nach anfänglichen Eingewöhnungsschwierigkeiten erwies sich das temperamentvolle, lerneifrige und ausdauernde Kind als Musterschüler, dessen rhetorisches Talent nicht zu übersehen war. Doch an der Härte des Vaters änderte das nichts.

Als Mirabeau nach der Schulzeit als 22-jähriger ins Militär eintrat und dort einige Schulden machte, empfahl der alte Mirabeau, seinen missratenen Sohn in die Kolonien von Surinam zu verbannen, von wo niemand zurückkehrte. Gabriel-Honoré aber hatte Glück: Nicht der Vater, sondern der weitaus gnädigere Staat nahm sich seiner an. Wegen eines Streits mit einem hochmütigen Vorgesetzten wurde er zu einigen Monaten Gefängnis in Saintes, seiner Garnisonsstadt, verurteilt.

Als Mirabeau die Strafe abgesessen hatte, kannte er nur einen Wunsch: die eben erlangte Freiheit zu genießen. In der Manier eines echten Draufgängers heiratete er, gegen den Willen ihrer wohlhabenden Eltern, die hübsche Emilie de Marignac, die beste Partie der ganzen Provence. Das Schloss, das er daraufhin als Erbe erhielt, ließ er prunkvoll renovieren und lebte auch sonst weit über seinen Möglichkeiten. Kaum 25 Jahre alt, lastete auf ihm die stattliche Summe von zweihunderttausend Livres Schulden – immerhin ein Wert von etwa zwei Millionen DM!

Sein Vater, der alle seine Urteile auf das schlimmste bestätigt fand – zumal eine Liebesaffäre mit der Frau eines Magistrats hinzukam –, kannte nun keinen Pardon mehr. Er entmündigte seinen Sohn und erwirkte beim König einen «lettre de cachet», einen Haftbefehl. Für vierzig lange Monate verschwand Mirabeau hinter den düsteren Mauern des berüchtigten Schlossturmes von Vincennes. Er verwand diese schreckliche Zeit nie – das furchtbare Gefühl des Eingekerkertseins, das ihm die Kehle zuschnürte, das

Abb. 7: Gabriel-Honoré Riquetti von Mirabeau (1749 – 1791); Lithographie von Nicolas Eustache Maurin (Foto: AKG).

widerhallende Echo von zuschlagenden Türen und Riegeln, die Leere verlassener Korridore hat er in bewegenden Schilderungen festgehalten.

Als er am 13. Dezember 1780 wieder auf freien Fuß gesetzt wurde, hatte sich seine Frau von ihm abgewandt und die Trennung verlangt. Ohne Reputation, ohne Familie, ohne Einkünfte stand Mirabeau außerhalb der Adelsgesellschaft.

Damit begann der Aufstieg des Revolutionärs. Mirabeau wählte das unstete, ruhelose Leben eines politischen Journalisten; immer wieder bedroht von Haftbefehlen und verfolgt von der Rachsucht seines Vaters, hielt er sich zeitweise in London, in Berlin, in Brüssel, dann wieder in Paris auf. In den zahlreichen gesellschafts- und finanzpolitischen Abhandlungen dieser Zeit reflektierte er über die Grundlagen eines neuen Staates. Ausgangspunkt seiner Überlegungen war dabei die stets von neuem betonte Einsicht in die Emanzipation des Individuums und der damit verbundene Verlust der königlichen Autorität: «Die Menschen, die unter dem königlichen Mantel nur einen von ihresgleichen erblicken und von dem sie Tugendhaftigkeit erwarten, sind zahlreicher denn je.»[82] Aus dieser Tatsache aber ergab sich für Mirabeau niemals die Forderung nach einer Republik, sondern vielmehr die Aufforderung an den König, im Sinne einer aufgeklärten Monarchie der erste Diener des Staates zu sein. «Wenn Sie Ihren Untertanen all die Freiheit zugestehen, die Sie ertragen können, wenn Sie das Eigentum schützen, die nützliche Arbeit ermutigen, wenn Sie die kleinen Unterdrücker einschüchtern, die in Ihrem Namen die Menschen daran hindern wollen, ihren Geschäften nachzugehen, ohne anderen zu schaden, dann wird einmütiger Jubel Ihre Autorität segnen und Sie noch heiliger, noch größer werden lassen.»[83]

Die Stunde für diese Ideen schlug, als Ludwig XVI. gezwungen war, die Generalstände einzuberufen. Mit der doppelten Parole «Krieg den Privilegierten und den Privilegien!» und «Erheben wir die königliche Autorität!» stürzte Mirabeau sich in den Wahlkampf und zog, obwohl adlig von Geburt, als Abgeordneter des dritten Standes in die Versammlung ein.

Seine imponierende Gestalt, seine mitreißende Rednergabe und gedankliche Schärfe machten ihn schnell zum «Volkstribun» und Wortführer des dritten Standes. Im Tauziehen zwischen der Autorität der eben konstituierten Nationalversammlung und den Einschüchterungsversuchen des Königs war es Mirabeau, der an entscheidender Stelle eingriff. Als der König nach der so genannten «Kissensitzung» am 23. Juni 1789 den Befehl gab, nach Ständen getrennt zu tagen – was eine Niederlage für die Abgeordneten der Bürger und Bauern bedeutet hätte –, rief er zum Ungehorsam auf. Dem Oberzeremonienmeister Marquis de Brezé, der die Deputierten aufforderte, der königlichen Anordnung Folge zu leisten, schleuderte er die Sätze entgegen, die ihn zum geliebten «Mütterchen Mirabeau» machen sollten: «Mein Herr, wir haben die Absichten vernommen, die man dem König eingeflüstert hat. Aber Sie, mein Herr, der Sie sein Organ gegenüber den Generalständen nicht sein können, der Sie hier weder Sitz noch Stimme, noch das Recht zu sprechen haben, Sie sind nicht befugt, uns seine Rede ins Gedächtnis zu rufen. Um indessen jede Weitläufigkeit und jede Verzögerung zu vermeiden, erkläre ich Ihnen: Wenn man Sie beauftragt hat, uns von hier zu entfernen, müssen Sie sich den Befehl zur Anwendung von Gewalt verschaffen. Denn wir werden nur der Macht der Bajonette weichen.»[84]

In diesem Auftritt, bekannt als «Donnerkeil» des Grafen Mirabeau, spiegelt sich die eine Seite dieser vulkanischen Persönlichkeit: Mirabeau war ein unermüdlicher Kämpfer für die Freiheit.

Die andere Seite zeigte sich wenig später. Als ihm durch ein Dekret vom

7. November 1789, welches vorschrieb, dass ein Abgeordneter während der Legislaturperiode nicht Minister werden könne, der Königsweg zur Macht verschlossen wurde, zögerte er nicht, einen anderen Weg einzuschlagen. Gegen den Erlass seiner Schulden – immerhin die stattliche Summe von 208.000 Francs – und eine monatliche Zuwendung von 6.000 Francs trat er in den Dienst des Königs und wurde damit zu einem Politiker des Schattens, dem der Vorwurf der Bestechlichkeit bis zu seinem Lebensende anhaftete. Wenn man in diesem Zusammenhang von einem «Verrat» des Grafen Mirabeau sprechen will, so war es sicher kein intellektueller, sondern eher ein moralischer. Denn seine Überzeugung verleugnete Mirabeau nicht: Er war zwar Revolutionär, nicht aber Republikaner, sondern Vorkämpfer einer konstitutionellen Monarchie.

Diesen Grundpfeiler seiner Anschauung verfolgte er mit eben solcher Hartnäckigkeit wie die Sicherung des Rechts auf Eigentum, das er noch, fünf Tage vor seinem Tod, in seiner letzten Rede in der Nationalversammlung verteidigte; er kann damit als zentraler Repräsentant der ersten, «bürgerlichen» Phase der Französischen Revolution gelten. Früh erschöpft durch seine unermüdlichen Aktivitäten, aber auch durch seinen ausschweifenden, unsteten Lebensstil, starb Mirabeau am 2. April 1791.

Rekapituliert man im Unterrichtsgespräch eine solche biografische Skizze, so fällt es nicht schwer, einige Grundzüge dieser Persönlichkeit charakterisierend herauszuarbeiten.

Mirabeau war ein Sohn des Südens – der Wärmepol dominierte. Das zeigt sich in seinem leicht entflammbaren Temperament ebenso wie in seiner Begeisterungsfähigkeit und mitreißenden Rhetorik; es verdichtet sich in dem berühmten Wort des Volkstribuns kurz vor seinem Tod: «Das Unglück hat mich gestählt, angeregt, in Flamme gesetzt. Ich brenne noch, wenn ich schon Asche bin.»[85] Vor allem die Wucht seiner öffentlichen Auftritte ist vielfach bewundert worden; der Dichter Chateaubriand etwa schrieb: «Er brauchte nur seine Mähne zu schütteln und das Volk ins Auge zu fassen, schon war es still; wenn er seine Pranke hob und die Klauen zeigte, geriet der Pöbel in Ekstase.»[86]

Dem leidenschaftlich-bewegten Seelenleben Mirabeaus entsprach seine körperliche Konstitution. Mit vollem Recht kann hier von «Heißblütigkeit» gesprochen werden: In seiner starken Triebhaftigkeit, seinem sinnenfrohen Genießen und impulsiven Kämpfen wirkten Kräfte des Blutes; sie bestimmten auch seine Gestalt. Mirabeau war kein dürrer Intellektueller, sondern ein «Stoffwechsel-Typ», der vielfach spontan, «aus dem Bauch» heraus, agierte.

Er war von beeindruckender Größe und neigte zur Korpulenz, sein mächtiges Haupt mit dem starken Haarwuchs, der berühmten «Löwenmähne», dem weichen, leicht aufgedunsen wirkenden Gesicht war in den politischen Disputen immer wieder gerötet vor Zorn. Wie intensiv sein Erscheinungsbild die Massen in Bann zog, haben auch andere Zeitgenossen geschildert: «Sein durchdringender, alles erforschender Blick musterte die Menge und schien die Zuschauer herauszufordern. Er schritt einher, den Kopf stolz zurückgeworfen, seine rechte Hand auf den Degenknauf gestützt, unterm linken Arm den weißen Federhut. Sein dichtes krauses Haar fiel über die hohe Stirn und endete auf der Seite über seinen Ohren in dichten Locken. Die restlichen Haare wurden am Hinterkopf von einem prächtigen Netz aus schwarzem Taft zusammengehalten und wallten auf seine Schultern hinunter. Seine Hässlichkeit hatte etwas Imponierendes, und sein von den Pocken gezeichnetes Gesicht brachte die Energie eines starkes Willens und einer von unsteten und gewaltigen Leidenschaften bewegten Seele zum Ausdruck.»[87]

Dennoch aber war Mirabeau kein Schwärmer im Sinne einer nebulosen Mystik; die Überschwänglichkeit dieser großen Seele äußerte sich vielmehr in den Ausbrüchen seiner Leidenschaften und Gefühle. Bei aller Klarheit des Denkens, das er erreichen konnte, liegt hier ein Element geistiger Schläfrigkeit vor; die Exzesse seiner mit Frauen, Alkohol und Drogen durchfeierten Nächte raubten ihm auf dem Höhepunkt der Revolution die Kraft, die schnell wechselnden Geschehnisse angemessen zu beeinflussen,[88] und waren mitverantwortlich für seinen frühen Tod.

In noch schärferer Kontur erscheint das Persönlichkeitsprofil Mirabeaus, wenn man ihn vergleicht mit Maximilien Robespierre, der entscheidenden Gestalt der zweiten Phase der Französischen Revolution; in ihrer Gegensätzlichkeit erhellen sich beide Charaktere wechselseitig.

Maximilien Robespierre

Maximilien Robespierre kam am 6. Mai 1758 in einer bürgerlichen Familie – sein Vater François Robespierre war Advokat – zur Welt, nach ihm wurden noch die Geschwister Charlotte, Henriette und Augustin geboren. Ein erschütternder Bruch in seiner Kindheit erfolgte, als er eben sechs Jahre alt geworden war: Seine geliebte Mutter Jaqueline Marguérite starb. Der Vater, ohnehin seelisch labil, konnte diesen Schicksalsschlag nicht verwinden, im-

Abb. 8: Maximilien de Robespierre (1758 – 1794); Punktierstich von Johann Ligbert (Foto: AKG).

mer häufiger blieb er von zu Hause fort, schließlich verließ er Arras ganz und brach den Kontakt zu seinen Kindern vollständig ab. «Diese Schicksalsschläge veränderten Maximilien», schrieb seine Schwester Charlotte. »Vorher war er wie alle Kinder seines Alters, sorglos, ausgelassen und leichtsinnig. Aber seit er sich als Ältester sozusagen in die Rolle des Familienoberhauptes gedrängt sah, wurde er vernünftig, gesetzt und strebsam. Er sprach zu uns mit einer Art gewichtiger Würde, die uns beeindruckte. Wenn er sich in unsere Spiele mischte, so nur, um sie zu lenken. Dabei liebte er uns zärtlich, und es gab keine Aufmerksamkeit und keine Liebkosung, die er uns nicht zuteil werden ließ ...»[89]

Die Aussage zeigt, dass Maximilien früh dahin gedrängt wurde, die Rolle des Vaters zu übernehmen, mehr noch: die Prinzipienlosigkeit seines Vaters durch Pflichtbewusstsein, Würde und Tugend zu ersetzen und somit ein Mann der Ordnung zu werden.

Die Kinder wurden unter die Verwandten aufgeteilt. Maximilien und Augustin kamen zum Großvater, der den beiden allerdings wenig Aufmerksamkeit und Zuneigung schenkte. Immerhin sorgte er für eine gediegene Schulausbildung: Maximilien wurde auf das Collège von Arras geschickt, wo der Unterricht von Geistlichen erteilt wurde. Es dauerte nicht lange, bis dem Bischof von Arras der disziplinierte, lerneifrige, ernsthafte Jungen auffiel; er sorgte dafür, dass Maximilien eine Freistelle an dem berühmten Pariser Collège Louis le Grand bekam.

Auch hier war Robespierre ein Musterschüler, der – wie sein Präfekt notierte – «alles dem Studium opferte, alles für das Studium vernachlässigte, das Studium war sein Gott ...»[90] An den Streichen der Klassenkameraden nahm er nicht teil, stattdessen vertiefte er sich in die römischen Klassiker und begeisterte sich für die republikanischen Tugenden. Der unbestechliche Cato, der die weichlich gewordenen Mitbürger aufrief, zur Schlichtheit der Alten zurückzukehren und auf Prestige und Luxus zu verzichten, wurde ihm zum leuchtenden Vorbild. In den Jahren 1772, 1774 und 1775 war Robespierre Klassenbester; als solcher wurde er ausgewählt, Ludwig XVI. und Marie-Antoinette bei ihrem feierlichen Einzug in Paris zu begrüßen. Die Szene ist symptomatisch für die Volksferne des Herrscherpaares. Als die königliche Karosse vor der Schule anhielt, kniete Robespierre vor den Regenten im Regen nieder und verlas eine Ansprache in Versen, die sein Professor ausgearbeitet hatte. Dann setzte sich der Zug wieder in Bewegung, ohne dass die Hoheiten auch nur ein Wort an den jungen, siebzehnjährigen Stipendiaten gerichtet hätten.

Maximilien verarbeitete seine Enttäuschung, indem er sich nach dem Schulabschluss auf das Studium stürzte. In weniger als drei Jahren erwarb er alle Grade der Rechtswissenschaft an der Pariser Universität, man verabschiedete ihn mit einer Laudatio und einem Preis von 600 Livres, die Maximilien in ein Stipendium für seinen Bruder Augustin umwandeln ließ.

Was unterstreicht die beängstigende Vernunft des jungen Mannes mehr als die Tatsache, dass Maximilien der Versuchung widerstand, im brodelnden, glänzenden Paris Fortune zu machen, und stattdessen, wie sein Vater, Advokat im biederen Arras wurde, wohl wissend, dass er dort mit den Beziehungen seiner Familie und der Unterstützung durch die Kirche rechnen konnte?

In der Tat kam der ehrgeizige junge Anwalt in den nächsten acht Jahren, die er in Arras verbrachte, zu bescheidenen, aber einträglichen Erfolgen: Er erhielt das Amt eines Richters am bischöflichen Gerichtshof, machte sich einen Namen als Autor einer 60-seitigen Preisschrift an der Akademie von Metz über das Thema «Warum fällt die Schande eines Verbrechers auf alle Mitglieder der Familie zurück?» und wurde aufgenommen in die Gesellschaft der «Rosati», einen Club mit freimaurerischem Gedankengut, in dem sich ein Teil der Honoratioren von Arras zusammengeschlossen hatte.

Erst 1788, kurz vor der Revolution, ging Robespierre über die Anpassung an das Bestehende hinaus und hatte den Mut, sich zu seinen innersten Überzeugungen zu stellen: Er veröffentlichte radikale Flugschriften, in denen er vehement die Rechtsunsicherheit und das ungerechte Steuersystem der herrschenden Gesellschaftsordnung attackierte. Bald darauf wurde er nach einem heftig geführten Wahlkampf, in dem sich Robespierre auf die arme Schicht der Bevölkerung von Arras stützte, zum Abgeordneten des dritten Standes gewählt.

Während der revolutionären Ereignisse der Jahre 1789 und 1790 blieb Robespierre eher im Hintergrund des Geschehens, sein linkisches Auftreten und seine langatmigen, von einem sorgfältig ausgearbeiteten Manuskript abgelesenen Reden riefen eher Spott als Bewunderung hervor. Mirabeau aber ahnte seine zukünftige Bedeutung: «Der wird es weit bringen, denn er glaubt alles, was er sagt.»[91]

Diese Voraussage realisierte sich in der zweiten Phase der Revolution, ab dem Jahre 1792. Erst jetzt, als der Kampf um die gesellschaftliche Gleichheit entbrannte, schlug die Stunde des glühenden Verehrers Rousseaus, der, auch um den Preis des Terrors, einen auf die Tugend gegründeten Idealstaat begründen wollte.

Eine Schlüsselszene, welche das Problematische seines Wirkens grell beleuchtet, ist der 20. Prairial, der Pfingstsonntag des Jahres 1794. Robespierre wollte das revolutionäre Werk, für das er nicht nur konservative Adlige und den König, sondern auch frühere Mitrevolutionäre wie die Girondisten, Danton und Hébert geopfert hatte, mit dem «Fest des Höchsten Wesens» krönen.

An diesem Tag wölbt sich ein blauer Himmel über Paris, die Stadt und die Menschen sind festlich geschmückt in der Hoffnung, dass das Morden nun bald ein Ende haben werde. Vor den Tuilerien ist für die zentrale Feier ein Amphitheater aufgebaut, das an die zweitausend Menschen fassen kann. Während der obere Teil für die Mitglieder des Konvents bestimmt ist, versammeln sich auf den unteren Rängen an die achthundert Sängerinnen, Sänger und Musiker mit ihren Instrumenten. Punkt zwölf Uhr donnert eine Artilleriesalve über den Platz, die Mitglieder des Konvents erscheinen im blauen Frack und mit weitkrempigem Federhut, um ihre Plätze einzunehmen. Robespierre kommt verspätet, doch als er eintrifft und in der Mitte auf einem mit der Trikolore geschmückten Sessel Platz nimmt, sind alle Blicke auf ihn gerichtet. Klein und zierlich, im feierlichen blauen Frack und weißen Kniehosen, dazu eine Schärpe in den Farben der Trikolore, steht er da – nicht nur als Repräsentant des revolutionären Staates, sondern als Garant eines zukünftigen Reiches der Tugend, in dem aller Hass und alle Gegensätze der Menschen überwunden sind. In gemessenen Worten hält er eine kurze Ansprache auf das höchste Wesen: «Alles, was gut ist, ist sein Werk oder es selbst. Das Schlechte gehört zum verderbten Menschen, der seine Nächsten unterdrückt oder unterdrücken lässt.»[92]

Dann ergreift er eine Fackel und steigt langsam die Stufen herab, um eine sinnbildliche Handlung zu vollziehen, die der Maler David ersonnen hat: Das revolutionäre Feuer soll einige Strohpuppen, welche die Laster des Ehrgeizes, des Egoismus, der Gemeinheit und des Atheismus symbolisieren, so schnell vernichten «wie die Verschwörer, die vom Schwert des Gesetzes getroffen sind». Doch die Handlung wird nicht so aufgenommen, wie Robespierre es sich erhofft hatte: In der Gruppe der Abgeordneten wird Geflüster, Spott, ja Widerspruch laut. Obwohl Robespierre die Zeremonie ungerührt fortsetzt, indem er, einen Strauß von Blumen und Ähren in der Hand, einen feierlichen Zug zum Marsfeld anführt, hat er die wachsende Opposition wohl wahrgenommen. Als er an diesem Abend zu seiner kleinen Wohnung beim Tischler Duplay zurückkehrt, sagt er zu seinen Freunden: «Ich werde nicht mehr lange unter euch sein.» Der Unbestechliche sollte Recht behalten: Wenige Wochen später, am 28.7.1794, wird er selbst, angeklagt als Diktator, unter der Guillotine hingerichtet.

Versucht man, ausgehend von der kurzen Lebensskizze, die Triebfedern der Persönlichkeit Robespierres im Vergleich zu Mirabeau zu verstehen, so fällt zunächst die Gegensätzlichkeit ihrer geografischen Herkunft auf. War Mirabeau in seinen Lebensäußerungen geprägt von der Sonne des Südens, so erscheint Robespierre als Kind des Nordens; die flandrischen Nebel, die oftmals über seiner Geburtsstadt Arras liegen, haben mit ihrer kühlen Atmosphäre den Heranwachsenden offenbar nicht unbeeinflusst gelassen. Das Volk in spontanen Reden mitzureißen und zur Begeisterung zu entflammen war Robespierres Sache nicht; seine Stärke als Politiker lag vielmehr in der «kühlen Vernunft, mit der er als Einziger eine richtige Analyse der Situation zu geben weiß».[93]

So war es Robespierre, der auf die Verbindungen Mirabeaus zum König hinwies, es war Robespierre, der nach der Flucht des Königs die offizielle Version Lafayettes, der König sei entführt worden, durchschaute, es war wiederum Robespierre, der schon früh die zukünftige Entwicklung einer

Radikalisierung der Revolution vorausahnte und mit ihr Schritt zu halten suchte. Die andere Seite dieser ausgeprägten analytischen Intelligenz allerdings lag in seiner vielfach bezeugten Unfähigkeit zum unmittelbaren Handeln in Krisensituationen. Dann schien es so, «als ob in Maximilien plötzlich eine zu sehr angespannte Feder spränge, er ist dann bewegungs- und handlungsunfähig und hüllt sich in hochmütige Indifferenz und eisige Gleichgültigkeit. Es scheint ihm unnütz, etwas zu unternehmen. Warum den Kampf aufnehmen, wenn alle Welt sich gegen ihn verbündet ...?»[94]

Besonders in den letzten Wochen vor seinem Sturz steigerte sich diese Willenslähmung zu einem regelrechten Fatalismus, ja zur Todessehnsucht: Robespierre blieb wochenlang den Sitzungen des Wohlfahrtsausschusses und des Konvents fern und gab damit seinen Gegnern Gelegenheit, sich zu organisieren. Warum sollte er sich mit Männern wie Fouché und Tallien herumschlagen, deren Hände von Schmutz und Blut besudelt waren? Diese Haltung, zugunsten einer abstrakten Idee die konkrete Wirklichkeit zu überspringen, zeigte sich bei Robespierre schon in seiner Advokatenzeit in Arras. Seine Schwester hat ein Beispiel von einer geradezu pathologischen Gleichgültigkeit gegenüber der Alltagsrealität übermittelt: Manchmal, wenn er spätabends mit ihr in den Straßen von Arras spazieren ging, verließ er sie plötzlich und eilte ihr mit großen Schritten voraus. Daheim fand Charlotte ihn, wie er «in seinem Arbeitszimmer ..., angetan mit seinem Schlafrock, mit großer Aufmerksamkeit arbeitet». Als sie eintrat, stand er auf und fragte sie, «woher sie so spät noch alleine komme».[95]

Die erschreckende Realitätsferne Robespierres gründete auch in einem wenig differenzierten, stets vom Intellekt dominierten Gefühlsleben. Symptomatisch sind seine Liebesbriefe aus der Zeit in Arras, die eher als von sozialen Erfordernissen diktierte «Pflichtübungen in Liebessachen»[96] erscheinen denn als Offenbarungen von Gefühlen. Maximilien war zu nüchtern, als dass er sich dem Rausch starker Leidenschaften – es sei denn, sie bezogen sich auf Ideen – hingeben konnte. Von daher wird auch seine beherrschte, eher kühle Rhetorik verständlich: Robespierre bereitete seine Auftritte sorgfältig vor und las seine Reden zumeist ab. Seine Aussage, «dass er eine kindliche Schüchternheit zu bekämpfen habe und stets zittere, wenn er ans Rednerpult trete und bei Beginn jeder Rede wie von Sinnen sei»,[97] zeigt, wie gehemmt er war. Die Sorgfalt und Reinlichkeit, mit der er sich kleidete, gehört in eben diesen Zusammenhang: Die Eleganz der äußeren Erscheinung war die Maske, welche die Armut der eigenen Subjektivität hinter dem Zeichen sozialer Bedeutsamkeit verbarg.

Alle diese Züge – die kalte Intelligenz, die Gefühlsarmut im menschlich-unmittelbaren Miteinander, die zeitweise Willenslähmung – hatten ihre gemeinsame Grundlage in der Leiblichkeit Robespierres. Er war ein ausgesprochener «Kopfmensch» mit einem dominanten Nerven- und mit zurückgedrängtem Blutpol. Wie anders erscheint die kleine, zierliche Gestalt mit den sorgfältig gepuderten Haaren und dem blassen, blutleeren Antlitz mit der hohen, gewaltigen Stirn, der feinen Nase und dem schmallippigen Mund als die heroische Körperlichkeit Mirabeaus! Nichts an dem Äußeren Robespierres war plump oder roh, und dennoch wirkt gerade der Ausdruck seines Gesichtes mit den auseinander stehenden Augen, das an ein Katzen- oder gar Tigergesicht erinnert, unbehaglich. «Es ist» – wie der Biograf Friedrich Sieburg schreibt – «die eisige Gelassenheit eines Gesichtes, das von der Polarluft des Absoluten bestrichen wird und nur eine wirkliche Beziehung zum Leben kennt: den Tod.»[98]

Die Überwachheit Robespierres vervollständigt dieses Bild. Das Wort seines Freundes Saint-Just, «Wer Revolutionen machen will, darf nur im Grabe schlafen», trifft durchaus auf ihn zu: Nicht nur war Robespierre ein ausgesprochener Nachtarbeiter, sondern er verstand sich auch als moralischer Wächter und unbestechlicher Zensor der Republik mit der Aufgabe, die Intrigen der Bösen zu entlarven und der Tugend zum Sieg zu verhelfen.

Sowohl auf geistig-seelischem wie auf leiblichem Felde erweisen sich somit Mirabeau und Robespierre als gegensätzliche Persönlichkeiten: Mirabeau repräsentiert mit der Tendenz zum «Einschlafen» in den Zeiten seiner rauschhaften Exzesse, seiner bewegten, leicht entflammbaren Seele und der Heißblütigkeit seiner körperlichen Konstitution den Wärmepol, Robespierre mit seiner Überwachheit und seinem kalten Intellekt den Kältepol der Revolution.

Gemeinsam aber war beiden ihre Ich-Bezogenheit. Bei Mirabeau fällt dieser Egoismus unmittelbar auf: Politik und Lebensgenuss lagen bei ihm nahe beieinander, er war stets bereit, sich die Anstrengungen des politischen Kampfes mit den Annehmlichkeiten des Luxus versüßen zu lassen, sodass seine Freiheitsparolen immer wieder den Beigeschmack der Haltung «Ich bin so frei» bekamen. Diese «Bestechlichkeit», die ihn dazu führte, sich nicht nur ohne Bedenken vom Hof bezahlen zu lassen, sondern seinen dadurch ermöglichten aristokratischen Lebensstil mit einer eleganten Wohnung, einem eigenen Koch und mehreren Dienern auch zur Schau zu stellen, wurde ihm zum politischen Verhängnis. Denn die bloße Existenz einer Gestalt wie Robespierre, unbestechlich und unermüdlich für die Belange des einfachen

Volkes eintretend, musste ihn verurteilen. Dabei war die Eigenliebe bei Robespierre zumindest ebenso stark, nur trat sie subtiler auf. Robespierre lebte in Paris bewusst einfach, zunächst zusammen mit anderen Abgeordneten aus dem Artois, in den letzten Jahren beim Tischler Duplay, wo er zwei kleine Zimmer bewohnte; er gönnte sich keine Zeit für Vergnügungen und Zerstreuungen, sein Privatleben ging mehr und mehr in seiner politischen Existenz auf.

Aber Robespierre legte auch Wert darauf, dass man von seiner vorbildlichen Lebensführung wusste, in seinen Reden stilisierte er sich in subtiler Weise zum Propheten revolutionärer Tugenden: «Die Liebe zur Gerechtigkeit, zur Menschheit und zur Freiheit ist eine Leidenschaft wie jede andere auch. Wenn sie vorherrschend ist, opfert man ihr alles auf. Hat man jedoch sein Herz den Leidenschaften einer anderen Ordnung verschrieben, wie etwa der Gier nach Geld oder Ehren, so gibt man dafür Ruhm, Gerechtigkeit, Menschheit, Volk und Vaterland bereitwillig hin. Darin besteht das ganze Geheimnis des menschlichen Herzens, hier ist der Unterschied zwischen Verbrechen und Rechtschaffenheit, zwischen Tyrannen und Wohltätern der Menschheit begründet.»[99]

Solche Worte sind ebenso Ausdruck stolzer Demut wie herablassender Verachtung derer, die nicht so rein sein konnten wie er selbst. Die geradezu kultische Verehrung, die ihm entgegengebracht wurde, bestärkte Robespierre mehr und mehr in dem naiven Glauben, der einzig Reine in einer Welt schmutziger Intriganten zu sein. Was geht in einem Mann vor, der es – wie Robespierre in der Familie Duplay – zulässt, dass in seinem Arbeitszimmer und im angrenzenden Salon Büsten von ihm aufgestellt sind und dass die Wände voll sind mit Zeichnungen, Stichen und Aquarellen, die ihn darstellen? Die Egozentrik Robespierres verbirgt sich im Gewande eines Altruismus, der aus Stolz und Einsamkeit geboren und als letzte Konsequenz die Verurteilung all derer ist, welche die eigene «Vollkommenheit» nicht erreichen. Die verheerende Inhumanität einer solchen Haltung offenbarte sich in aller Schärfe, als Robespierre den Terror als revolutionäres Mittel rechtfertigte und eine Schreckensherrschaft begründete, die in krassem Widerspruch zu den ursprünglichen Zielen stand.

Vorangehend ist das Leben und Wirken Mirabeaus und Robespierres umrissen und die Einseitigkeit ihrer Persönlichkeitsprofile charakterisiert worden: Damit ist gleichzeitig ein Licht gefallen auf die problematischen Tendenzen der ersten und zweiten Phase der Französischen Revolution.

Auf diesem Hintergrund wird die Kritik verständlich, die Friedrich Schiller in seinen *Ästhetischen Briefen* am Verlauf des revolutionären Aufbruchs geübt hat. Das Handeln unterlag dem Zwang einer undurchdrungenen Trieb- und Begierdenatur einerseits, eines abstrakten Intellekts andererseits.

Wahrhaft soziales Wirken dagegen lässt sich in einer anderen Richtung erahnen: Es lebt in dem Ringen um eine Freiheit, welche sich im Einklang mit der Freiheitsentwicklung des anderen zu realisieren sucht, indem sie ihn als initiatives und gleichberechtigtes Wesen anerkennt und bereit ist, die wirtschaftlichen Güter brüderlich mit ihm zu teilen.

2. *Olympe de Gouges.* *Frauenrechte in der Französischen Revolution*

Der 3. November 1793, der Tag, an dem Olympe de Gouges hingerichtet wurde, war außergewöhnlich kalt. In der Nacht war das Thermometer unter 0 °C gesunken, sodass die Todgeweihte in ihrer Zelle vor Kälte zitterte. Frühmorgens diktierte sie dem Gefängnisschreiber ihren letzten Brief. Er war gerichtet an ihren Sohn, Offizier bei der Rheinarmee; sie empört sich darin gegen die Richter des Revolutionstribunals, die sie am Tag zuvor verurteilt hatten: «An die zwanzigmal habe ich meine Henker erbleichen sehen. Da sie nicht wussten, was sie auf jeden meiner Sätze, die meine Unschuld und ihre Böswilligkeit zum Ausdruck brachten, antworten sollten, so haben sie das Todesurteil verhängt … Adieu, mein Sohn, ich werde nicht mehr am Leben sein, wenn du diesen Brief erhältst.»[100]

Am frühen Nachmittag kam der Henker Sanson, um sie abzuholen; er berichtete später in seinen *Mémoires*, Olympe habe die Zelle «kaum niedergeschlagen» verlassen, nachdem sein Gehilfe ihr das üppige Haar in großen

Büscheln abgeschnitten hatte. Draußen wartete schon der Schinderkarren, sie hatte sich, die Handgelenke auf dem Rücken zusammengebunden, auf der Holzbank gegen die Fahrtrichtung hingesetzt. Die Fahrt dauerte eine Stunde, sie war eine wahre Folter, denn an den Kreuzungen drängten sich die aufgewühlten Massen, um die Verurteilte zu beschimpfen, ähnlich wie sie es vor der Hinrichtung der Königin Marie-Antoinette und der Bürgerin Charlotte Corday, der Mörderin Marats, getan hatten.

Endlich erblickte sie den Place de la Révolution, er war belebt, als ginge es einem Fest entgegen: Limonadenverkäufer und Blumenmädchen drängten sich zwischen den Neugierigen, die gespannt auf die Hinrichtung einer Frau warteten. Als Olympe aus dem Wagen stieg und das Messer der Guillotine vor sich sah, soll sie verächtlich gesagt haben: «Sie werden zufrieden sein, wenn sie den Ast und den Baum zerstört haben.» Dann betrat sie das Schafott, doch bevor sie bereitwillig den Kopf auf das Blutgerüst legte, wandte sie sich mit einem letzten Wort an die versammelte Menge: «Kinder des Vaterlandes, ihr werdet meinen Tod rächen!»[101]

Von der Provinz nach Paris

Wer war diese Frau, die schon vor über zweihundert Jahren die Gleichberechtigung der Geschlechter forderte – und dafür mit dem Tode büßen musste? Olympe stammte aus dem südfranzösischen Städtchen Montauban, nahe Toulouse gelegen. Nach der amtlichen Eintragung wurde sie am 7. Mai 1748 als Tochter des Metzgers Pierre Gouze und seiner Frau Anne-Olympe Mouisset geboren und auf den Namen Marie getauft, doch deutete Olympe in einem Briefroman ziemlich unverhohlen an, ihr wirklicher Vater sei der adelige Schriftsteller Jean-Jacques Lefranc de Pompignan; eine leidenschaftliche, aber unglückliche Liebe habe ihn mit ihrer Mutter, die als eine der schönsten Frauen Montaubans galt, verbunden. Wie dem auch sei – aufgewachsen ist Olympe in einer bürgerlichen Familie, damit war ihr Leben im festgefügten Rahmen der Tradition vorbestimmt. Denn ein Mädchen wurde früh verheiratet, ohne gefragt zu werden, und dann hatte der Mann das Sagen. So erging es auch der eben 16-jährigen Marie Gouze: Sie wurde einem Gastwirt namens Louis Yves Aubry angetraut. Nach knapp einem Jahr, am 29. August 1766, brachte die junge Frau einen Sohn zur Welt, der nach seinem Großvater den Namen Pierre erhielt. So hätte das Leben weitergehen

Abb. 9: Olympe de Gouges (1748 – 1793); Zeichnung von Pierre Vidal (Foto: AKG).

können: eine Geburt der anderen folgend, die Mutter aufgehend in den Sorgen um die Familie. Doch das Schicksal wollte es anders. Wenig später brach eine verheerende Flutkatastrophe über Montauban herein, zahlreiche Häuser wurden zerstört, Seuchen breiteten sich aus. Um diese Zeit etwa muss ihr Mann plötzlich verstorben sein – Marie Gouze war mit 18 Jahren Witwe. Um den ungeliebten Mann wird sie wenig getrauert haben, im Gegenteil: Ihre Abneigung gegen die Ehe war so groß, dass sie sich nie mehr verheiratete. Sie lehnte es sogar ab, den Namen ihres verstorbenen Gatten zu behalten. Von nun an nannte sie sich «Olympe de Gouges», einerseits, weil darin der Vorname ihrer geliebten Mutter aufklang, und andererseits, weil dieser Name auf eine adlige Herkunft schließen ließ – ein Versuch zum Verwischen der Standesunterschiede, der damals im aufstrebenden Bürgertum keinesfalls unüblich war, man denke etwa an Maximilien de Robespierre. Was sollte sie nun als junge Witwe mit einem Kind tun, ohne gediegene Ausbildung – vermutlich beherrschte sie nur die Anfangsgründe des Schreibens – und ohne nennenswertes Vermögen, in der tiefsten Provinz?

Olympe entschloss sich, zusammen mit einem reichen jungen Mann, in den sie sich leidenschaftlich verliebt hatte, nach Paris zu ziehen. Diese Verbindung, die zwanzig Jahre lang halten sollte, ermöglichte ihr ein finanziell weitgehend sorgenfreies Leben. Sie hatte eigentlich nichts anderes zu tun, als ihre äußeren Reize – ein Zeitdokument zählte sie zu den schönsten Frauen von Paris – geschickt einzusetzen, um zum gefeierten und umschwärmten Anziehungspunkt der gehobenen Gesellschaftskreise zu werden. Gedankliche Fähigkeiten waren dabei nur insofern von Vorteil, als sie die Möglichkeit eleganter Konversation eröffneten; den Anspruch, ernst genommen zu werden, durfte eine Frau damit nicht verbinden. «Le ciel vous fit pour n'être que jolie» (Der Himmel schuf Sie, um nichts als schön zu sein), hat ihr einer ihrer Verehrer in einem Gedicht vorgehalten,[102] und sie selbst hat dieses Dilemma in einem Brief an den mit ihr befreundeten Herzog von Orléans, der wegen seiner Sympathie für revolutionäre Bestrebungen auch «Philippe Egalité» genannt wurde, unverblümt ausgesprochen: «Ach, Euer Gnaden, wie elend ist doch mein Geschlecht! Mit seinen Reizen und seinen Verführungskünsten erreicht es bei euch Männern alles. Nun gut, so muss ich denn der Öffentlichkeit beweisen, dass es ungleich rühmlichere Mittel gibt, um den Frauen in einer künftigen Welt die Bedeutung zu verschaffen, die ihnen gebührt ... Immerhin hoffe ich, dass auch die Frauen eines Tages eine Honorierung ihrer Talente und damit eine Befreiung aus ihrer schrecklichen Notlage erfahren werden. Ich wage sogar die Behauptung, dass die Aufwertung des weiblichen Geschlechts sich auch auf die Sitten auswirken wird. Zweifellos wird die Revolution diesen tiefgreifenden Wandel herbeiführen.»[103] Ähnliche Gedanken brachte sie auch später in ihrer berühmten Erklärung der Frauenrechte zum Ausdruck: «Unter dem Ancien Régime beherrschten Laster und Schuld das Feld ... eine Frau brauchte nur schön oder liebenswürdig zu sein; vereinigte sie beide Vorzüge, dann legte man ihr hundertfach Vermögen und Glück zu Füßen. Zog sie keinen Gewinn daraus, so hatte sie entweder einen wunderlichen Charakter oder eine ungewöhnliche philosophische Gesinnung ... Die unanständigste Frauensperson erwarb sich gegen Gold Ehrerbietung und Ansehen. Dieser Frauenhandel schreckte auch nicht vor den höchsten Kreisen zurück, was sich künftig ändern dürfte. Andernfalls wäre die Revolution gescheitert, und unter neuen Verhältnissen wucherte die alte Verderbnis weiter.»[104]

Olympe war dreißig Jahre alt, als sie aus ihren Ansichten persönliche Konsequenzen zog; sie verabschiedete sich vom galanten Leben und wandte sich der schriftstellerischen Tätigkeit zu. Gleich mit dem ersten Drama, das sie der Comédie Française, der berühmtesten Bühne Frankreichs, anbot, erregte sie Aufsehen, rührte es doch an eines der heikelsten gesellschaftlichen Tabus: die Sklaverei der Schwarzen.

Das Stück *Zamore und Mirza oder Der glückliche Schiffbruch* schildert, wie der Sklave Zamore, der seiner Geliebten wegen getötet hat, auf eine einsame Insel flieht, wo er schiffbrüchige Franzosen rettet. Trotz dieser guten Tat aber wird er zum Tode verurteilt, bis er schließlich aus Mitleid doch noch begnadigt wird.

Die Wahl eines Schwarzen als Held eines Dramas war in einer Zeit, in der noch der Adel die Bühnen beherrschte und es sogar ungewöhnlich war, die Handlung in einem bürgerlichen Milieu spielen zu lassen, schlicht sensationell. Denn Olympes Plädoyer für den menschlichen Umgang mit Schwarzen musste als Signal für die Abschaffung der Sklaverei verstanden werden. Eine solche Forderung aber vertraten selbst die kühnsten Revolutionäre nicht, profitierte doch ganz Frankreich von den Hunderttausenden schwarzer Sklaven, die auf der Karibik in den französischen Kolonien St. Domingue (dem heutigen Haiti) und Martinique arbeiteten. Der «Dreieckshandel» brachte märchenhafte Gewinne: Französische Reeder und Großkaufleute kauften Sklaven in Afrika und brachten sie auf die Kolonien, um dann, reich beladen mit Kaffee, Baumwolle und Rohrzucker, in ihre Heimathäfen Nantes, Bordeaux und La Rochelle zurückzukehren – ein Geschäft, das die zerrüttete französische Wirtschaftsbilanz deutlich verbesserte.

Auf diesem Hintergrund kann es nicht verwundern, dass das Stück abgelehnt wurde, zumal sich die konservative Schauspieltruppe durch das ungewöhnlich selbstbewusste Auftreten eines Autors, der zudem eine Frau war, sicherlich ziemlich provoziert fühlte.

Indessen begannen die Zeiten sich zu ändern. Im Jahre 1787 zeigte sich die Zerrüttung der Staatsfinanzen von Tag zu Tag deutlicher. Paris wurde von einer Art geistigen Fiebers erfasst: Überall schossen neue politische Clubs aus dem Boden, in den Salons debattierte man heftig über die Ideen der Aufklärung und eine Veränderung der staatlichen und gesellschaftlichen Ordnung. Eine auffallend schöne Dame mit südländischem Akzent mischte sich häufig und temperamentvoll ein: Olympe de Gouges. Sie scheute sich nicht, ihre

Ansichten auch schriftlich zu verbreiten; über vierhundert Flugblätter, Pamphlete und politische Stellungnahmen verfasste sie in den nächsten Jahren.

Dabei kam sie immer wieder auf die Unterdrückung der Schwarzen zurück. «Schon als Kind», so erinnert sie sich, «sah ich, dass man diese Leute wie Tiere behandelte, wie Wesen, die der Himmel verflucht hatte; aber älter werdend sah ich klar, dass es die Gewalt und das Vorurteil waren, die sie zu dieser entsetzlichen Versklavung verurteilt hatten, dass die Natur daran keinen Anteil hatte und das ungerechte und mächtige Interesse der Weißen alles verursacht hatte … Der Mensch ist überall gleich. Die gerechten Könige wollen gar keine Sklaven …

Erscheint es den Europäern, die sich durch ihre Industrie beträchtliche Wohnstätten erworben haben, nicht grausam, diese Unglücklichen von morgens bis abends krumm und lahm zu schlagen, die ihre fruchtbaren Felder nicht weniger bestellen würden, wenn sie mehr Freiheit und Freundlichkeit erführen? Ist ihr Schicksal nicht grausam, ihre Arbeit nicht mühsam genug, ohne dass man sie für den kleinsten Fehler auf das Schrecklichste züchtigte?»[105]

Das war ein neuer Ton in der politischen Auseinandersetzung, den damals nur wenige anschlugen. Und endlich – die Revolution war schon ausgebrochen – gelang es doch noch, ihr Stück über die Schwarzen bei der Comédie unterzubringen. Drei Tage vor der Aufführung aber, am 25. Dezember 1789, formierte sich der Widerstand: Die Anhänger der Kolonialherrschaft brachten eine mit Drohungen gespickte anonyme Streitschrift unter dem Titel «Brief an Madame de Gouges» in Umlauf: «Ich glaube, Ihnen im Namen aller Colons sagen zu müssen, dass es ihnen schon seit langer Zeit in den Händen juckt, sich jeder einen ‹Freund der Schwarzen› zu greifen … Wir schlagen also den Herren ‹Freunden der Schwarzen› vor, und zwar durch Sie, Madame, die Sie sich so ehrenhaft vor sie stellen, sich auf der Ebene von Grenelle oder der von Sablons einzufinden … und gegen uns bis zum Tode zu kämpfen. Ich schließe, Madame, in der Beobachtung, dass es wohl außergewöhnlich ist, dass die Herren der ‹Freunde der Schwarzen› sich einer Frau bedient haben, um die Colons zu provozieren.»[106]

Das Pamphlet war der Auftakt für organisierte Störungen während der Aufführung von *Zamore und Mirza*: Bezahlte Randalierer im Parterre pfiffen und schrien fast ununterbrochen, und Olympe musste mit ansehen, wie die Schauspieler – offensichtlich auf Befehl – so miserabel wie möglich spielten.

Am nächsten Tag berichteten die Zeitungen ausführlich über den Theaterskandal, das Echo war weitgehend negativ. Der Rezensent der *Chronique de Paris* schrieb, das Stück sei «weder gefährlich noch nützlich», und hielt der

Autorin vor, dass man eben «einen Bart am Kinn braucht, um ein gutes dramatisches Werk zu schreiben».[107] Nach der dritten Aufführung wurde das Stück, in das Olympe große Hoffnungen gesetzt hatte, wegen des Drucks der Kolonisten und dem Unwillen der Schauspieler aus dem Repertoire genommen.

Die Erklärung der Frauenrechte

Tief entmutigt nach dem Theaterskandal erwog Olympe ernsthaft, Frankreich zu verlassen. Aber die revolutionären Ereignisse waren zu bewegend, als dass sie ihnen hätte den Rücken kehren können. Unermüdlich verfolgte sie die Debatten der Nationalversammlung, sie ließ nicht davon ab, ihre Ansichten in Flugschriften, aber auch in dramatischer Form zu verbreiten. Insgesamt verfasste sie über vierzig Theaterstücke, zumeist zu aktuellen Themen, wenige nur wurden aufgeführt. Was ihren Namen aber über die Jahrhunderte hinweg bedeutend gemacht hat, war ein vierundzwanzig Seiten langer Text, den sie der Königin gewidmet hat: die Erklärung der Frauenrechte vom Herbst 1791.

Mit einer Kampfansage an die Vorherrschaft der Männer beginnt der Traktat: «Mann, bist du fähig, gerecht zu sein? Eine Frau stellt dir diese Frage. Dieses Recht wirst du ihr zumindest nicht nehmen können. Sag mir, wer hat dir die selbstherrliche Macht verliehen, mein Geschlecht zu unterdrücken? Deine Kraft? Deine Talente? Betrachte den Schöpfer in seiner Weisheit. Durchlaufe die Natur in all ihrer Majestät, die Natur, der du dich nähern zu wollen scheinst, und leite daraus, wenn du es wagst, ein Beispiel für diese tyrannische Herrschaft ab … Nur der Mann hat sich aus der Ausnahme ein Prinzip zurechtgeschneidert. Extravagant, blind, von den Wissenschaften aufgeblasen und degeneriert, will er diesem Jahrhundert der Aufklärung und Scharfsichtigkeit, doch in krassester Unwissenheit, despotisch über ein Geschlecht befehlen, das alle intellektuellen Fähigkeiten besitzt. Es möchte von der Revolution profitieren, es verlangt sein Anrecht auf Gleichheit, um nicht noch mehr zu sagen.»[108]

Gegenüber einer solchen Einschränkung des Gleichheitspostulats – die neue Verfassung sah ein Frauenwahlrecht nicht vor – forderte Olympe unmissverständlich die politische Beteiligung der Frau: «Wir, Mütter, Töchter, Schwestern, Vertreterinnen der Nation, verlangen, in die Nationalversammlung aufgenommen zu werden.»[109]

Sodann erklärte sie, knapp und präzise, die Menschenrechte in überarbeiteter Form: In siebzehn Artikeln werden die Rechte des Mannes durch die der Frau ergänzt: Meinungs-, Glaubens- und Gewissensfreiheit, das Recht auf politische Betätigung und auf Eigentum müssen für alle Menschen – auch die Frauen – in gleicher Weise gelten! Denn: «Die Frau hat das Recht, das Schafott zu besteigen. Sie muss gleichermaßen das Recht haben, die Tribüne zu besteigen, vorausgesetzt, dass ihre Handlungen und Äußerungen die vom Gesetz gewährte öffentliche Ordnung nicht störe.»[110]

Das Manifest endet mit einem leidenschaftlichen Appell an alle Frauen, sich ihrer Rechte bewusst zu werden: «Frauen, wacht auf! Die Stimme der Vernunft lässt sich auf der ganzen Welt vernehmen! Erkennt eure Rechte! Das gewaltige Reich der Natur ist nicht mehr umstellt von Vorurteilen, Fanatismus, Aberglauben und Lügen. Die Fackel der Weisheit hat alle Wolken der Dummheit und Gewalttätigkeit vertrieben.»[111]

Doch so vehement dieser Aufruf auch war – er verhallte nahezu ungehört. Lag es an der Widmung für die Königin, die verhasste Österreicherin Marie-Antoinette, dass man sich achselzuckend abwandte und nicht weiterlas? Oder war die Zeit einfach noch nicht reif für die Frauenemanzipation? In der Tat gab es nur wenige, die sich für Frauenrechte einsetzten: die feurige und mutige «Amazone» Théroigne de Mericourt zum Beispiel, die bei dem «Marsch der Marktweiber» nach Versailles und dem «Sturm auf die Tuilerien» in vorderster Front agierte, die englische Schriftstellerin Mary Wollstonecraft, die eine «Vindication of the Rights of Woman» (Rechtfertigung der Frauenrechte) verfasste oder – eine Ausnahme unter den Männern – der einflussreiche Philosoph, Mathematiker und Politiker Antoine Marquis de Condorcet, der schon 1789 den politisch Verantwortlichen eine Halbierung der Gleichheit vorgeworfen und provozierend gefragt hatte: «Warum sollte eine Gruppe von Menschen, weil sie schwanger werden können und sich vorübergehend unwohl fühlen, nicht Rechte ausüben, die man denjenigen niemals vorenthalten würde, die jeden Winter unter Gicht leiden und sich leicht erkälten?»[112]

Immerhin – im weiteren Verlauf der Revolution kam es zumindest zu kleinen Fortschritten: Die Frau erhielt das Recht auf Ehescheidung und einen Anteil am Familieneigentum, zudem führte der Konvent die gleiche Schulpflicht für alle und das gleiche Erbrecht für Jungen und Mädchen ein, uneheliche Kinder eingeschlossen. Da allerdings manche dieser Errungenschaften im Napoleonischen Gesetzbuch, dem «Code civil» von 1804, wieder rückgängig gemacht wurden, sollte es noch lange dauern, bis das Bewusstsein von der Gleichberechtigung der Geschlechter sich durchsetzte – das Frauenwahlrecht etwa wurde in Frankreich erst nach dem 2. Weltkrieg, im Jahre 1946, eingeführt.

Gegen den Terror

Olympe de Gouges war die Erste, die den Anspruch der Frauen in einem systematischen Menschenrechtskatalog angemeldet hat – Anerkennung hat ihr das nicht gebracht, eher Angriffe, Verleumdungen und erbitterte Feindschaft. Allerdings scheute sie sich auch selbst nicht, wie oben bereits erwähnt, leidenschaftlich diejenigen zu attackieren, die ihrer Ansicht nach für die Exzesse der Gewalt in der zweiten Phase der Revolution verantwortlich waren: vor allem Marat und Robespierre. In einem Pamphlet «Die Phantome der öffentlichen Meinung» schreibt sie: «Es wird diskutiert, Louis XVI. den Prozess zu machen. Er wird vielleicht auf dem Schafott enden, weil er die Nation verraten hat. Und Marat? Marat! Berühmter Agitator, Zerstörer der Gesetze, Todfeind der Ordnung, der Menschheit, seines Vaterlandes, besessen von der Absicht, in Frankreich eine Diktatur einzuführen … Marat lebt frei in der Gesellschaft, deren Tyrann und Geisel er ist … Es wäre der geeignete Moment, alle Kraft und Billigkeit aufzubringen, um einen Schädling der Menschheit, der weder das Aussehen noch die Moral eines Menschen besitzt und der die Menschheit durch seine Ausschweifungen entehrt, aus ihrem Busen auszuspeien.»[113] Ebenso vernichtend fällt die Abrechnung mit Robespierre aus: «Du behauptest, der alleinige Schöpfer der Revolution zu sein, warst aber, bist und wirst auch in alle Ewigkeit nur deren Schandfleck und Gräuel bleiben … Du möchtest Ludwig den Letzten umbringen, um zu verhindern, dass er rechtmäßig verurteilt wird; sie alle möchtest du umbringen, Pétion, Roland, Vergniaud, Condorcet, Louvet, Brissot, Lasource, Guadet, Gensonné, Hérault-Séchelle, mit einem Wort: die Fackeln der Republik und des Patriotismus! Einen Weg möchtest du dir bahnen mitten durch Berge von Leichen und auf den aus Mord und Totschlag gehauenen Stufen zur höchsten Macht emporschreiten …»[114]

Obwohl Olympe ihre Anschuldigungen nicht mit konkreten Fakten beweisen konnte, sollte sie mit ihrer intuitiven Abscheu gegen den «Unbestechlichen» Recht behalten: Von den genannten Personen überlebte nur Louvet die Schreckensherrschaft …

Auch Olympe selbst fand während der Tage des «Terreur» den Tod; eine Flugschrift, in der sie die Forderung aufstellte, die zukünftige Regierungsform Frankreichs, entweder eine Republik oder eine Monarchie oder eine föderative Form, die den Regionen größere Selbstständigkeit einräumt, solle von Departements-Versammlungen gewählt werden, diente den regierenden Republikanern dazu, sie festnehmen, verurteilen und am 3. November 1793 hinrichten zu lassen.

Sieg des Antifeminismus

Die Wochen nach ihrem Tod brachten einen vollständigen Sieg des Antifeminismus: Alle Frauenclubs, die sich inzwischen im Zuge der revolutionären Ereignisse gebildet hatten, wurden verboten, das Recht der Frauen, sich an politischen Aktionen zu beteiligen und in Petitionen ihre Forderungen vorzubringen, wurde aufgehoben.

In einer langen Grundsatzrede begründete der Abgeordnete Amar im Namen des Sicherheitsausschusses am 30. Oktober 1794 den Verbotsantrag: «Dürfen sich die Frauen in politischen Vereinigungen versammeln? ... Können sich Frauen diesen nützlichen und mühseligen Aufgaben hingeben? Nein, weil sie dann dazu gezwungen wären, wichtigere Aufgaben, zu denen die Natur sie ruft, dem zu opfern. Diese häuslichen Aufgaben, zu denen Frauen von Natur aus bestimmt sind, gehören selbst zur allgemeinen Ordnung der Gesellschaft. Diese soziale Ordnung resultiert aus dem Unterschied, der zwischen Mann und Frau besteht ... Im Allgemeinen sind Frauen kaum zu hohen Vorstellungen und ernsthaftem Nachdenken fähig ... Wir glauben also, dass eine Frau nicht ihre Familie verlassen darf, um sich in Regierungsgeschäfte einzumischen.»[115]

Der Verweis auf das Naturrecht, das durch politisierende Frauen verletzt werde, diente auch dem Pariser Staatsratspräsidenten Pierre Gaspard Chaumette als Vorwand, Frauen mit roten Jakobinermützen, die an der Spitze einer Bürgerabordnung im Stadtrat vorstellig wurden, in ihre Schranken zu weisen: «Das Gesetz schreibt vor, die Sitten zu respektieren und ihnen Geltung zu verschaffen. Hier aber sehe ich sie verachtet! Heh! Seit wann ist es [denn] erlaubt, seinem Geschlecht abzuschwören? Seit wann ist es schicklich, Frauen die frommen Sorgen ihres Haushalts, die Wiege ihrer Kinder aufgeben zu sehen, um an die Schranken des Senats zu eilen? Hat die Natur den Männern die häuslichen Aufgaben anvertraut? Hat sie uns Brüste gegeben, um unsere Kinder zu säugen? Nein! Sie hat zum Mann gesagt: Sei Mann. Die Jagd, die Landwirtschaft, die politischen Aufgaben, die Anstrengungen aller Art – das ist dein Reich. Sie hat zur Frau gesagt: Sei Frau. Die liebevollen Sorgen, die der Kindheit geschuldet sind, die verschiedenen Haushaltsdinge, die süßen Sorgen der Mutterschaft – das sind deine Arbeiten ...

Schamlose Frauen, die ihr Männer werden wollt, wurde euch nicht gerecht zugeteilt? Was braucht ihr mehr?»[116] Die Brandrede verfehlte ihre Wirkung nicht: Die rotbemützten Frauen nahmen das revolutionäre Symbol von den Haaren und ersetzten es durch die traditionelle weibliche Kopfbedeckung.

Die Szene ist symptomatisch für die umfassende Niederlage der Frauen in der letzten Phase der Französischen Revolution: Die Anhörungen der Bürgerinnen im Stadtrat, bis dahin eine Selbstverständlichkeit, wurden verweigert, zuletzt verloren sie auch noch das individuelle Petitionsrecht und durften nicht einmal mehr auf den Zuschauertribünen des Konvents sitzen.

Im *Code civil* unter Napoleon hieß es einige Jahre später – und so sollte es in Frankreich bis 1938 bleiben: «Der Mann ist seiner Frau Schutz, die Frau ihrem Manne Gehorsam schuldig.»[117]

3. *Lenin und die Russische Revolution*

Die Verhältnisse in Russland waren noch bis tief in das 19. Jahrhundert hinein rückständiger als etwa in Frankreich vor der Revolution von 1789. Noch um 1900 lebten fast 90 Prozent der Bevölkerung auf dem Lande, nur in den großen Städten St. Petersburg und Moskau gab es ein allmählich erstarkendes Bürgertum und eine kleine Industriearbeiterschaft. Das riesige Land wurde vom Zaren, der sich auf die dünne Schicht des reichen Adels und des orthodoxen Klerus stützte, praktisch absolutistisch regiert; die große Masse des Volkes lebte in Rechtlosigkeit und entsetzlicher Armut. Noch bis über die Mitte des 19. Jahrhunderts hinaus waren die Bauern zumeist Leibeigene der adeligen Großgrundbesitzer oder des Zaren selbst, sie hatten auf den Äckern des Herrn Frondienste zu leisten, der Gutsverwalter durfte sie, ihre Frauen und Kinder auspeitschen, foltern oder wie Sklaven verkaufen.

Erst als ab 1850 durch gebildete Russen verstärkt liberales und auch sozialistisches Gedankengut nach Russland einströmte und erste soziale Unruhen entstanden, entschloss sich Zar Alexander II. im Jahre 1861, die Leibeigenschaft aufzuheben. Doch das Elend dauerte fort, weil den Bauern zu wenig Land zugeteilt wurde und die Last der Pacht, Schulden und Zinsen die meisten erdrückte.

In diesem Lande krasser sozialer Gegensätze und großer Grausamkeit wuchs in dem kleinen Provinzstädtchen Simbirsk an der mittleren Wolga in der Familie der Uljanows der 1870 geborene Wladimir Iljitsch, der spätere Lenin, wie auf einer Insel des Glücks heran. Seine Mutter, Maria Blank, eine verständnisvolle, heitere Frau deutscher Abstammung, kümmerte sich liebevoll um ihn und seine fünf Geschwister; es wurde viel gespielt, gebastelt und gelesen. So verbrachte Wladimir Iljitsch eine glückliche Kindheit; aufgeweckt und lebhaft, wie er war, tollte er gern herum und liebte lärmende Spiele. Wenn allerdings der Vater Ilja Nikolajewitsch, der als Volksschulinspektor häufig unterwegs sein musste, von seinen Dienstreisen zurückkam, herrschte ein strengeres Regiment. Lenins Bruder Dimitrij berichtete später: «Ich erinnere mich an einen Abend in unserem Hause. Alle sind beschäftigt. Vater beugt sich über seinen Schreibtisch im Arbeitszimmer, im Obergeschoss sind Wladimir und Alexander in ihre Bücher vertieft, unten im Speisezimmer sitzt Mutter am großen Tisch und stickt oder macht andere Handarbeiten. Neben ihr blättern Anna und Olga in ihren Büchern und Heften. Maria und ich spielen leise. Uns Kleinen ist streng untersagt, die Älteren durch Lärm zu stören. Wenn jemand doch laut redet oder wenn Wladimir, nachdem er sein Pensum bewältigt hat, herunterkommt und mit uns lacht, erscheint sofort der Vater und sagt streng: Warum so laut, ich will das nicht mehr hören! Und im Nu ist alles still. Im äußersten Fall ruft Vater den Schuldigen zu sich ins Arbeitszimmer, setzt ihn neben sich hin und gibt ihm eine Aufgabe. Also war die Ordnung im Hause recht streng.»[118]

Mit neuneinhalb Jahren wurde Wladimir ins Gymnasium aufgenommen. Schnell entwickelte er sich zu einem lerneifrigen, guten Schüler; er konnte konzentriert und systematisch arbeiten. Sein großes Vorbild wurde sein älterer Bruder Alexander, der sich früh das Ziel gesetzt hatte, dem Volke zu dienen, und sich energisch bemühte, Tugenden wie Ehrlichkeit, Fleiß, Charakterfestigkeit, Geist und Wissen zu erwerben. Wladimir bewunderte ihn und ging in der Nachahmung des geliebten Bruders manchmal so weit, dass die Geschwister ihn damit neckten.

Die glückliche Kindheit brach jäh ab, als der Vater im Jahre 1886 – Wladimir war noch nicht sechzehn Jahre alt – plötzlich starb. Doch noch stärker traf den Jungen ein Ereignis, das ein Jahr später eintrat: Völlig überraschend wurde Alexander festgenommen und angeklagt, im Zusammenhang der revolutionären Organisation «Narodnaja Wolja» – das heißt: «Volkswille» – ein Attentat auf Zar Alexander III. vorbereitet zu haben. Obwohl ihm nahe gelegt wurde, sich durch Leugnen zu retten, stand Alexander mutig zu seiner Tat, wurde zum Tode verurteilt und am 20. Mai 1887 hingerichtet.

Eine morsche Mauer – man stoße, und sie bricht

Wladimir legte zu diesem Zeitpunkt gerade das Abitur ab, und man bekommt einen Eindruck von seiner Willensstärke, wenn man bedenkt, dass er die Prüfung mit Auszeichnung bestand. Kaum hatte sich Wladimir zum Studium der Rechtswissenschaften an der Universität Kasan immatrikuliert, nahm er an einer Protestkundgebung der Studenten gegen die zaristische Unterdrückung teil, wurde festgenommen, von der Universität relegiert und aus Kasan ausgewiesen. Dabei soll er einem Polizeibeamten, der ihn mit den Worten «Was rebellieren Sie, junger Mann? Sie haben doch eine Mauer vor sich» zur Zurückhaltung ermahnen wollte, geantwortet haben: «Eine Mauer schon, aber eine morsche, man stoße, und sie bricht zusammen.»[119]

Für ein Jahr zur Verbannung in dem einsamen Dörfchen Kokuschkino verurteilt, nutzte Wladimir Iljitsch die Zeit zum Studium revolutionärer Literatur, vor allem begann er, sich mit den Schriften von Karl Marx auseinander zu setzen. Kennzeichnend für den damals 19-jährigen erscheint folgende Episode. Die Mutter sorgte sich, weil Wladimir Iljitsch zu rauchen begonnen hatte, um seine Gesundheit. Alle Argumente aber halfen nichts – außer dem fragenden Hinweis: Können wir uns eine solche Ausgabe eigentlich erlauben? Von einem Tag auf den anderen stellte Lenin das Rauchen ein, und zwar für immer.

Auch als nach der Verbannungszeit die Familie in ein kleines Dorf bei Samara übersiedelte, hörte die polizeiliche Überwachung nicht auf. Erst 1890 erhielt Lenin die Erlaubnis, sein Examen an der Universität von St. Petersburg abzulegen. Obwohl er sich nicht regulär an der Fakultät vorbereiten konnte, bestand Lenin schon ein Jahr darauf die Prüfungen mit hervorragenden Ergebnissen; er erhielt das Universitätsdiplom ersten Grades, was in etwa dem deutschen Doktortitel entspricht.

Offiziell arbeitete der junge Jurist nun als Angestellter eines Anwaltsbüros, faktisch aber stand die Agitation gegen den Zarismus im Mittelpunkt seiner Aktivitäten. In den illegalen Zirkeln bekam er schon damals, als 23-jähriger, wohl wegen seines großen theoretischen Wissens und seines gereiften Aussehens, den Spitznamen «der Alte». Doch seine Bemühungen um einen Zusammenschluss der marxistischen Zirkel zum «Petersburger Kampfbund zur Befreiung der Arbeiterklasse» wurden abrupt unterbrochen; kurz vor Weihnachten 1895 verhaftete man ihn erneut. Dieses Mal war die Strafe härter: Vierzehn Monate Untersuchungshaft, anschließend drei Jahre Verbannung in das ostsibirische Dörfchen Schuschenskoje nahe der Lena, des Flusses, der Wladimir Iljitsch Uljanow dazu inspirierte, den Decknamen «Lenin» anzunehmen.

In einem Brief vom August 1897 berichtete er seiner Mutter über seine Lebensumstände: «Über mich gibt es wirklich nichts zu berichten. Meine Briefe sind darum so kurz, weil das Leben so eintönig ist: alle äußeren Lebensumstände habe ich bereits beschrieben; dem Inhalt nach unterscheidet sich ein Tag vom andern nur dadurch, dass man heute das eine Buch liest und morgen das andere, dass man heute rechts vom Dorf und morgen links vom Dorf spazieren geht, dass man heute die eine Arbeit schreibt und morgen eine andere (ich habe jetzt meine Hauptarbeit zurückgestellt, weil ich einen Aufsatz schreibe). Ich bin natürlich völlig gesund, manchmal gehe ich auf Jagd. Das Wetter ist jetzt abscheulich; Wind, Kälte, Herbstregen, sodass man meistens zu Hause sitzt.»[120]

Immerhin ging es Lenin persönlich nicht schlecht; er durfte sich frei bewegen, war bei guter Gesundheit und erhielt sogar die Erlaubnis, seine Freundin und Mitrevolutionärin Nadeschda Krupskaja, die ebenfalls verbannt war, zu heiraten. Politisch war die Verbannungszeit für ihn entscheidend; sie festigte seine Überzeugungen und ließ ihn zum zukünftigen Führer der russischen revolutionären Bewegung reifen. Lenin verstand sich als orthodoxer Marxist. Nicht durch Attentate auf einzelne Machthaber, wie es sein Bruder versucht hatte, konnte das Ziel einer klassenlosen Gesellschaft erreicht werden, sondern nur durch eine umfassende gesellschaftspolitische Revolution. Träger dieser Revolution aber – damit passte Lenin Marx an die russischen Verhältnisse an – musste eine straff organisierte Partei von Berufsrevolutionären sein, und diese Partei durfte sich nicht nur auf das zahlenmäßig noch schwache Industrieproletariat stützen, sondern musste ihre Wurzeln auch im revolutionären Potenzial der verelendeten Bauernschaft finden.

Nach dem Ende der Verbannungszeit wurde Lenin bald klar, dass ihm der Weg politischer Agitation in Russland auf lange Sicht versperrt sein würde – immerfort Überwachung und Kontrollen, einmal sogar eine kurzzeitige Verhaftung. Wollte er weiter wirken, war die Emigration unausweichlich; sie führte ihn und seine Frau nach München, London, Genf, Paris und Krakow (Krakau), unterbrochen nur durch eine kurze Rückkehr nach Russland während der Revolution 1905, welche aber das zaristische Regime nicht stürzen konnte. Aus dem Theoretiker Lenin wurde der Organisator. Mit äußerster Disziplin und Hartnäckigkeit, manchmal auch Skrupellosigkeit trieb er den Aufbau «seiner Partei» voran, die er nach einem Abstimmungssieg auf dem Londoner Parteitag von 1903 mit sicherem taktischem Gespür die «Bolschewiki», das heißt die «Mehrheitler», nannte und mit unerbittlicher Härte von den gemäßigten «Menschewiki», den «Minderheitlern», abgrenzte.

Gebt uns eine Organisation von Revolutionären …

Waren die Menschewiki und mit ihnen die weitaus meisten Sozialisten Russlands der Ansicht, eine gründliche Umwälzung der Verhältnisse werde erst mit dem Heranwachsen eines machtvollen Industrieproletariats möglich sein, so vertrat Lenin entschieden die Auffassung, man müsse die Revolution vorantreiben, allerdings benötige man dafür in einem Land, in dem vier Fünftel der Bevölkerung weder das Lesen noch das Schreiben beherrschten, eine gut geschulte, straff organisierte Partei marxistischer Berufsrevolutionäre: «Gebt uns eine Organisation von Revolutionären, und wir werden Russland aus den Angeln heben!»[121]

Nach dem Kriegsausbruch zogen Lenin und Nadeschda Krupskaja in die Schweiz, 1917 hielten sie sich in Zürich auf. Im öffentlichen Leben war Lenin auch in dieser Stadt intensivster diplomatischer Kontakte gänzlich unbekannt. Kein Wunder, wohnte er doch mit seiner Frau weitab von den teuren Hotels bei einem Flickschuster in einem holprigen Gässchen der Altstadt. Selbst die unmittelbaren Nachbarn wussten wenig von dem unauffälligen, untersetzten Mann mit den starken Backenknochen und mongolisch anmutenden Augen, dem Spitzbärtchen und der hohen Stirnglatze, der offensicht-

Abb. 10: Wladimir Iljitsch Uljanow, genannt Lenin (1870 – 1924).

lich ein besonders arbeitseifriger Gelehrter war, sah man ihn doch täglich den Weg zur Bibliothek einschlagen. Im März 1917 aber veränderte sich alles.

Lenin ist gerade im Aufbruch, als ein befreundeter Sozialist hereinstürzt. «Haben Sie gehört? In Russland ist die Revolution ausgebrochen!»[122]

Für Lenin gibt es nun kein Halten mehr, auch als allmählich die Nachricht durchsickert, dass diese Revolution nicht die von ihm erhoffte sozialistische Revolution des Volkes ist, sondern eher eine Palastrevolte von Liberalen, die den Zaren zur Abdankung gezwungen haben, auch als er hört, dass an den russischen Grenzen schwarze Listen mit den Namen der radikalen Bolschewiki ausliegen. Lenin weiß: Er muss nach Russland – sofort! Aber wie? Die Schweiz liegt eingebettet zwischen Italien, Frankreich, Deutschland und Österreich. Durch die alliierten Länder ist ihm als Revolutionär der Weg versperrt, durch Deutschland und Österreich als russischer Bürger, als Angehöriger einer feindlichen Macht. Doch so hoffnungslos die Lage erscheint – das politische Kalkül eröffnet plötzlich eine Chance: Die oberste Heeresleitung des kaiserlichen Deutschland erwartet von den Radikalen, wenn sie denn einmal zurückgekehrt sind, eine Schwächung der russischen Kriegsbereitschaft. In diesem Sinne werden Verhandlungen mit den Emigranten angeknüpft. Für Lenin ist das Risiko immens: Wird er nicht als Spion verdächtigt werden, wenn er mit Erlaubnis des deutschen Kaisers einreist? Wird er damit nicht die ganze bolschewistische Bewegung diskreditieren? Lenin weiß um die Gefahren seines Schrittes, doch ihm bleibt keine andere Wahl. Er beauftragt den Schweizer Linkssozialisten Fritz Platten, die Möglichkeit einer Durchreise zu sondieren. Allerdings stellt er die Bedingungen für den Eisenbahntransport: Der Wagen soll zum exterritorialen Gebiet erklärt werden, es darf weder eine Personen- noch eine Passkontrolle geben, Kontakte zu Deutschen auf der Fahrt sollten unterbleiben, die Revolutionäre wollen ihre Reise selbst bezahlen. Es dauert nicht lange, bis die deutsche Regierung Lenins Bedingungen akzeptiert; am 7. April signalisiert das Auswärtige Amt in Berlin sein Einverständnis. Schon zwei Tage später, am 9. April, ist es so weit. Lenin reist mit etwa dreißig Emigranten, darunter Frauen und Kindern, aus der Schweiz ab. Die Fahrt des «plombierten Zuges» – der Ausdruck stammt aus dem Bericht von Fritz Platten, in Wirklichkeit waren drei Türen des Waggons schlicht abgeschlossen – verläuft ohne Zwischenfälle. Der Schriftsteller Stefan Zweig hat diesen Transport als ein «Geschoss» charakterisiert; kein anderes der im 1. Weltkrieg abgefeuerten Projektile sei «gewalttragender und schicksalsentscheidender in der neueren Geschichte» gewesen als dieses.[123] Im Blick auf den weiteren Verlauf der Ereignisse kann man ihm nur zustimmen.

Es lebe die sozialistische Weltrevolution!

Als die Reisenden nach der Weiterfahrt über Schweden am 16. April in Petrograd eintreffen, ist der Bahnhofsplatz überfüllt von Zehntausenden von Arbeitern und Soldaten, die Lenin begeistert empfangen. Von einem Panzerwagen herab hält der Heimkehrer seine erste Rede an das Volk, und die lässt keinen Zweifel an seiner Entschlossenheit, die Provisorische Regierung zu bekämpfen und den Umsturz weiterzutreiben: «Es lebe die sozialistische Weltrevolution!»[124]

Einige Tage später gibt Lenin in den «Aprilthesen» der bolschewistischen Bewegung eine überraschend freiheitliche Richtung, die Thesen greifen die Sehnsüchte der arbeitenden Bevölkerung auf und geben dem revolutionären

Elan konkrete Ziele: «Alle Macht den Sowjets, das heißt den Räten der Arbeiter, Soldaten und Bauern! Sofortiger Waffenstillstand und ehrlicher Frieden zwischen den Völkern! Entschädigungslose Enteignung der großen Landgüter und Übergabe in die Hände der Bauern! Arbeiterkontrolle in den Betrieben! Friede, Land, Brot!»

Es empfiehlt sich, die Darstellung an diesem Punkt zu unterbrechen, um in einer nächsten Unterrichtsstunde Gelegenheit zu geben, das bisher Behandelte im Gespräch zu reflektieren. Dabei wird es vor allem um eine Charakterisierung Lenins und die Bewertung seiner Ziele gehen. Was hat ihn besonders beeinflusst, welches waren seine herausragenden Eigenschaften, was strebte er an? Im Besinnen solcher und ähnlicher Fragestellungen stellt sich Verständnis, ja, Bewunderung für das Überdimensionale dieser Persönlichkeit und das Ungeheure ihres Vorhabens ein: Lenin – ein hoch intelligenter, unbeugsamer, sicher auch kompromiss- und rücksichtsloser Revolutionär, der sich daran macht, eine inhumane Gesellschaftsordnung zu stürzen, um in einem friedlichen Russland Gerechtigkeit und Menschenwürde zu realisieren. Was aber geschieht, als das Vorhaben sich verwirklicht, als die Idee mit der Realität konfrontiert wird? Die nachfolgende Darstellung umreißt die Ereignisse.

So umstritten Lenins «Aprilthesen» zunächst auch innerhalb der eigenen Partei waren – führende Bolschewiki beschimpften sie als anarchistische Abweichung oder gar als «Wahnvorstellungen eines Irrsinnigen»[125] –, so deutlich arbeitete die Zeit für Lenin.

Nach verlorenen Schlachten desertierten Hunderttausende von Soldaten, Bauern besetzten die Gutshöfe der Adligen, Arbeiter legten mit Massenstreiks die Produktion lahm. Immer mehr Mitglieder strömten der bolschewistischen Partei zu, von Tag zu Tag wuchs die Zahl der Anhänger Lenins. Da erließ die Provisorische Regierung einen Haftbefehl gegen ihn. Lenin ging zunächst in den Untergrund, dann flüchtete er nach Finnland. Er wartete, bis die Bolschewiki in den Sowjets von Petrograd und Moskau Anfang Oktober die Mehrheit errungen hatten, dann drängte er zum unmittelbaren Umsturz: «Aus den besten Arbeiterelementen sind Abteilungen mit Gewehren und Handgranaten zu bilden, um die Zentren den Feindes (Offiziersschulen, Telegrafen- und Telefonamt usw.) anzugreifen und zu umzingeln. Die Losung dieser Abteilungen muss sein: Lieber allesamt zugrunde gehen als den Feind durchlassen. Wir wollen hoffen, dass, wenn die Aktion beschlossen wird, die Führer mit Erfolg das Vermächtnis von Danton und Marx anwenden werden. Der Erfolg der russischen und der Weltrevolution hängt von zwei, drei Tagen des Kampfes ab.»[126]

Der Aufstand bricht los

Am 7. November – nach dem russischen Kalender der 25. Oktober – ist es so weit: Der von dem jungen Bolschewik Leo Trotzki minutiös organisierte Aufstand bricht los, zunächst in Petrograd. Kurz vor Mitternacht gibt eine grüne Leuchtrakete, abgefeuert von der Peter-Pauls-Festung, das Zeichen zum Angriff. Wie verabredet, richten die revolutionären Matrosen des Panzerkreuzers «Aurora» die schweren Geschütze auf das Winterpalais, den Sitz der Provisorischen Regierung. Schlaftrunken taumeln die Verteidiger, zumeist junge Offiziersschüler, hoch. Doch schon sind die stürmenden Rotgardisten heran, die Provisorische Regierung wird festgenommen. Beinahe ohne Blutvergießen geht die Macht in die Hände der Bolschewiki über, auch am Telegrafenamt, am Bahnhof und an anderen strategisch wichtigen Punkten der Stadt.

Zu diesem Zeitpunkt hält sich Lenin, der mittlerweile aus Finnland zurückgekehrt ist, in einem der Büroräume des Smolny, dem Sitz des Petrograder Sowjets, auf. Er trägt eine Perücke und hat ein schmutziges Taschentuch über sein Gesicht gebunden – noch fürchtet er, verhaftet zu werden. Währenddessen tobt im Saal eine erbitterte Redeschlacht zwischen den bolschewistischen Räten und den gemäßigten Menschewiki, die genau wissen, was außerhalb des Saals, in der Stadt, vor sich geht. Einer ihrer Anführer springt auf: «Was hier geschieht, ist schändlich! Unsere Pflicht gegenüber dem russischen Proletariat gestattet uns nicht, hier zu bleiben und die Verantwortung für diese Verbrechen zu übernehmen …»[127] In tiefer Empörung verlassen mit ihm an die hundert Delegierte den Saal. Trotzki ruft ihnen nach: «Mögen sie doch gehen, diese Herrschaften. Was sind sie anderes wert, als auf den Kehrichthaufen der Geschichte geworfen zu werden!»[128]

Inzwischen hat Lenin von dem siegreichen Ausgang der Kämpfe gehört. Er nimmt Perücke und Taschentuch ab und begibt sich in den Sitzungssaal, wo er von seinen Anhängern stürmisch gefeiert wird. Doch ernst und gefasst besteigt er die Rednertribüne: «Genossen! Die Arbeiter- und Bauern-Revolution, deren Notwendigkeit die Bolschewiki so oft mit Nachdruck vertreten haben, ist Tatsache geworden … Wir müssen nun daran gehen, in Russland einen proletarischen, sozialistischen Staat aufzubauen. Hoch lebe die weltumspannende sozialistische Revolution!»[129] Noch in der gleichen Nacht verfasst Lenin die ersten beiden Dekrete der neuen Sowjetregierung mit der Forderung nach sofortigem Frieden und der Enteignung der Großgrundbesitzer.

Die Frau Trotzkis hat später geschildert, wie Lenin die Stunden der Machtübernahme empfunden hat: «Die Macht ist erobert, mindestens in Petrograd. Lenin hat noch keine Zeit gehabt, seinen Kragen zu wechseln. Auf dem müden Gesicht wachen Lenins Augen. Sie blicken auf mich, freundschaftlich, milde, mit eckiger Verlegenheit innere Nähe ausdrückend. ‹Wissen Sie›, sagte er zögernd, ‹gleich nach den Verfolgungen und der Illegalität zur Macht …›, er sucht nach einem Ausdruck und geht plötzlich in die deutsche Sprache über. ‹Es schwindelt.› Er macht eine kreisende Handbewegung um den Kopf. Wir blicken einander an und lächeln kaum. Das Ganze dauert kaum eine bis zwei Minuten. Dann – einfacher Übergang zu den laufenden Geschäften.»[130]

Liquidation der Idee von Demokratie

In den ersten Wochen nach dem siegreichen Aufstand hatten die Bolschewiki, die als deutliche Minderheit den revolutionären Umsturz erzwungen hatten, die Macht noch nicht fest in der Hand. Besonders schwierig war, dass am 8. Dezember 1917 (nach dem in Russland damals gültigen julianischen Kalender am 25. November) Wahlen zur verfassunggebenden Versammlung stattfanden, die noch von der gestürzten Provisorischen Regierung angesetzt worden waren. Dabei erhielten die gemäßigten Sozialisten 21 Millionen, die Bolschewisten aber nur 8 Millionen Stimmen, das entsprach etwa einem Viertel der Sitze. Was war zu tun? Lenin war nicht gewillt, die Macht aus den Händen zu geben. Als sich im Januar 1918 zeigte, dass die Abgeordneten trotz massiver Einschüchterung ihr Mandat ernst nahmen, indem sie begannen, erste Gesetze zu verabschieden, ließ Lenin die Versammlung kurzerhand auflösen. Was dieser Schritt bedeutete, war ihm völlig bewusst, und entsprechend hat er sich Trotzki gegenüber geäußert: «Wir haben einen Fehler begangen, indem wir die Einberufung der konstituierenden Versammlung nicht aufgeschoben haben. Wir haben sehr unvorsichtig gehandelt, aber es ist alles zum Besten ausgegangen. Die Auflösung der Konstituante durch die Sowjetregierung bedeutet die vollständige und offene Liquidation der Idee von Demokratie zugunsten des Gedankens der Diktatur. Es wird eine heilsame Lehre sein.»[131]

Damit war Lenin eindeutig zum mächtigsten Mann Russlands geworden, und er zögerte nicht, diese Macht zur Realisierung der revolutionären Ziele einzusetzen. Als Erstes drängte er auf den sofortigen Friedensschluss mit den

Mittelmächten. In der sicheren Erwartung einer unmittelbar bevorstehenden proletarischen Weltrevolution war er daher bereit, unerhörte Zugeständnisse zu machen. Im Frieden von Brest-Litowsk vom 3. März 1918 musste Russland seine Staatshoheit in Litauen, Polen und Kurland aufgeben, Estland, Livland und die Ukraine wurden selbstständig, blieben aber von deutschen Truppen bzw. deutscher Polizei besetzt. Russland verlor damit ein Viertel seines Territoriums, etwa 75 Prozent seiner Eisen- und Kohlengruben und 25 Prozent seines Eisenbahnnetzes. Dennoch – die Bedingungen für eine friedliche sozialistische Entwicklung waren damit nicht gegeben. Denn schon im Winter 1917/18 brach ein erbitterter Bürgerkrieg aus. Sozialrevolutionäre und Konservative, unterstützt von englischen, japanischen, amerikanischen und italienischen Kontingenten, vereinigten sich im Kampf gegen die Bolschewiki. Von einer Auflösung des stehenden Heeres konnte nun keine Rede mehr sein; stattdessen baute Trotzki die «Rote Armee» auf, in die er auch zahlreiche frühere zaristische Offiziere aufnahm, weil ein eigenes proletarisches Offizierskorps noch nicht gebildet war. Besonders kritisch wurde die Lage durch Terrorakte und Attentate der linken Sozialrevolutionäre. Am 30. August 1918 wurden mehrere Schüsse auf Lenin abgefeuert; eine der Kugeln durchschlug die linke Schulter, eine zweite durchbohrte seine Lungenspitze.[132] Obwohl Lenin sehr viel Blut verloren hatte, erholte er sich bald wieder. Doch bestärkte ihn das Attentat in der Ansicht, es gebe keinen anderen Weg als den harten Durchgreifens. Hatte er noch in den Aprilthesen angekündigt, die Polizei werde ihren politischen Charakter verlieren, so benutzte er nun die neue Geheimpolizei, die Tscheka, verstärkt als Instrument staatlichen Terrors. Zehntausende wurden in den nächsten Jahren bespitzelt, verhaftet und hingerichtet. Gegenüber dem Dichter Maxim Gorki rechtfertigte Lenin seine Politik des Entweder – Oder: «Was wollen Sie? Ist Menschlichkeit denn möglich in einem so unerhört ermüdenden Kampf? Ist Weichherzigkeit und Großmut bei uns am Platze? Europa blockiert uns, die von uns erwartete Hilfe des europäischen Proletariats bleibt aus, von allen Seiten drängt wie ein Bär die Gegenrevolution gegen uns an. Und wir? Wir sollen nicht kämpfen, dürfen uns nicht zur Wehr setzen? Nun, nein entschuldigen Sie – wir sind nicht ganz dumm! Wir wissen: Das, was wir wollen, kann niemand tun außer uns.»[133]

Zu den außen- und innenpolitischen Gegnern gesellte sich noch als dritter, härtester Feind der Hunger. Denn die Enteignung der Großgrundbesitzer und die Übergabe der Fabriken an die Arbeiter führte, unvorbereitet wie sie war, in den Wirren des Bürgerkrieges in ein wirtschaftliches Desaster. Die industrielle Produktion des Jahres 1919 erreichte kaum ein Viertel derjenigen des letzten Friedensjahres, weite Teile der landwirtschaftlich nutzbaren Fläche blieben brach liegen, da die Bauern sich gegen die Abgabepflicht an den Staat wehrten. In den Städten gab es weder Gas noch Elektrizität, weder Kohle noch Brennholz; Straßenbeleuchtung und Heizung mussten eingestellt werden. Immer weniger Menschen konnten sich richtig ernähren, an die fünf Millionen Menschen starben, trotz internationaler Hilfesendungen, bei den ausbrechenden Hungersnöten.

Angesichts einer solch desolaten Lage äußerte sich die allgemeine Unzufriedenheit in Demonstrationen und Streiks, ihren Höhepunkt fanden die Proteste in dem Aufstand der Kronstadter Matrosen vom März 1921. Die Aufständischen, die ihre Treue zur Revolution nicht nur bei der Erstürmung des Winterpalais in Petrograd, sondern auch im nachfolgenden Bürgerkrieg gegen die «Weißen» in zahlreichen Kämpfen unter Beweis gestellt hatten, attackierten die Grausamkeit der bolschewistischen Diktatur; sie nahmen die kommunistischen Kommissare der Ostseeflotte fest und forderten freie Wahlen, Versammlungs- und Agitationsfreiheit, Rede- und Pressefreiheit, Handels- und Gewerbefreiheit sowie Gleichheit der täglichen Nahrungsmittelrationen für alle Schichten der Bevölkerung und freie Verfügung der Bauern über ihren Boden und das Recht, Vieh halten zu dürfen, solange sie keine Lohnarbeiter beschäftigten. Doch auch in diesem Fall, wo die Forderungen von links kamen, wich Lenin nicht von der Linie ab, die Autorität der Sowjetregierung notfalls mit Waffengewalt durchzusetzen; in erbitterten Kämpfen wurde der Aufstand blutig niedergeschlagen, von den 15 000 Matrosen überlebten kaum 150.

Vom Kriegskommunismus zur Neuen Ökonomischen Politik

Andererseits sah Lenin deutlich, dass die Periode des «Kriegskommunismus» zu Ende gehen musste. Was unerreichbar schien, war gelungen: Die «Rote Armee» hatte sich gegen die konterrevolutionären Generäle durchgesetzt, die Bolschewiki hatten ihre Macht behaupten können. Er durfte nicht immer neue Opfer fordern, es galt, der Bevölkerung nach den Jahren des Kampfes eine Atempause zu verschaffen. Auf dem Hintergrund solcher Überlegungen setzte Lenin auf dem X. Parteitag im März 1921 Richtlinien für eine «Neue Ökonomische Politik» durch, sie erlaubten einen begrenzten Kapitalismus für eine begrenzte Zeit. Die Maßnahmen erleichterten besonders die Lage der landwirtschaftlichen Betriebe. Die staatlichen Zwangseintreibungen wurden abgeschafft, stattdessen hatten die Bauern eine gemäßigte Naturalsteuer zu entrichten. Im Übrigen stand ihnen das Recht zu, Getreide und Kartoffeln sowie sonstige Ernteüberschüsse auf dem freien Markt zu freien Preisen zu verkaufen. Doch nicht nur in Bezug auf Lebensmittel, sondern auch hinsichtlich anderer Güter wurde Handel erlaubt. Kleinere Industrielle durften Privatunternehmen gründen, der Einheitslohn wurde abgeschafft, die Arbeiterkontrolle in den Betrieben durch eine straffe Führung ersetzt. Ausländische Unternehmer durften in der Sowjetunion investieren und produzieren; so errichtete beispielsweise Henry Ford die erste russische Traktorenfabrik.

Die wirtschaftliche Wende führte in den nächsten Jahren zu einer Verbesserung der Lebensverhältnisse. Allerdings ließ Lenin keinen Zweifel daran, dass sie aus taktischen Gründen erfolgt war und dass er keinesfalls den Kapitalismus wieder zulassen werde: «Gewiss, wir sind einige Schritte zurückgewichen, aber doch nur, um Anlauf für einen besseren Sprung nach vorn zu gewinnen.»[134]

Als entscheidende Voraussetzung für diesen Sprung erschien Lenin eine Modernisierung der Industrie und Landwirtschaft. Mit fortschreitender Technik, mit dem Einführen von Traktoren, Dreschmaschinen und Motoren werde man auch auf dem Lande die Vorteile gemeinschaftlicher Produktion einsehen. In diesem Sinne schrieb Lenin schon im Dezember 1920: «Kommunismus – das ist Sowjetmacht plus Elektrifizierung des ganzen Landes. Sonst wird das Land ein kleinbäuerliches Land bleiben, und das müssen wir klar erkennen … Erst dann, wenn das Land elektrifiziert ist, wenn die Industrie, die Landwirtschaft und das Verkehrswesen eine moderne großindustrielle technische Grundlage erhalten, erst dann werden wir endgültig gesiegt haben …»[135]

Die Realisierung der angedeuteten Perspektiven erlebte Lenin nicht mehr. Im Winter 1922/23 zeigten sich die ersten Symptome einer Arteriosklerose. Lenin erlitt mehrere Schlaganfälle, die zu Sprachstörungen und Lähmungen der rechten Körperhälfte führten und ihn zwangen, sich vom politischen Geschehen zurückzuziehen. Die Schriften und Reden dieser Zeit spiegeln Selbstkritik, Besorgnis, teilweise sogar depressive Stimmungen wider.[136] Was würde von seinem Leben bleiben, was war aus seinen Zielen geworden? Im Rückblick konnte er sich sagen, dass er sich unermüdlich für die Revolution eingesetzt hatte. Bei aller Machtfülle hatte er sich persönlich niemals bereichert – im Gegenteil: Auch als Volkskommissar bezog er das Gehalt eines Arbeiters, und als die Geschäftsstelle des Rates der Volkskommissare im März 1918 seine Zuwendungen erhöht hatte, hatte er entschieden protestiert: «Da Sie meiner dringenden Forderung, mir die Begründung dafür mitzuteilen, warum mein Gehalt ab 1. März 1918 von 500 auf 800 Rubel monatlich erhöht wurde, nicht nachgekommen sind und da es sich ganz offensichtlich um eine gesetzwidrige Erhöhung handelt, ... spreche ich Ihnen eine strenge Rüge aus.»[137]

Aber war seine praktische Politik in die richtige Richtung gegangen? Entwickelte sich Russland, entwickelte sich die bolschewistische Partei in der richtigen Weise? Lenin musste sich eingestehen, dass sich seine Bewegung in dem Maße von den ursprünglichen Zielen entfernt hatte, in dem sie sich von den «Sachgesetzlichkeiten» des Machterhalts bestimmen ließ. Was war von den «Aprilthesen» geblieben, was von dem Ideal des Absterbens des Staates, was von dem Ziel der Auflösung des stehenden Heeres und der politischen Polizei, was von dem Glauben an die Spontaneität und die Selbstorganisation der Massen? War nicht die Diktatur einer Parteiexekutive an die Stelle der Diktatur des Proletariats getreten, zeichnete sich nicht bedrohlich die mechanische Herrschaft des Apparats ab? Schon im März 1922 hatte Lenin erklärt: «Wenn man Moskau nimmt – 4700 verantwortliche Kommunisten – und dieses bürokratische Ungetüm, diesen Haufen, wer leitet da und wer wird geleitet? Ich bezweifle sehr, ob man sagen könnte, dass die Kommunisten diesen Haufen leiten. Um die Wahrheit zu sagen: Nicht sie sind die Leiter, sondern sie werden geleitet.»[138]

Auf der Folie solcher Überlegungen wird die tiefe Sorge verständlich, mit der Lenin in seinem Testament vor dem neuen Generalsekretär der Partei, Stalin, warnte: «Genosse Stalin hat dadurch, dass er Generalsekretär geworden ist, eine unermessliche Macht in seinen Händen konzentriert, und ich bin nicht überzeugt, dass er es immer verstehen wird, von dieser Macht vorsichtig genug Gebrauch zu machen ...»[139] Und, wenige Tage darauf, in einem ergänzenden Brief: «Stalin ist zu grob, und dieser Fehler, der in unserer Mitte und im Verkehr zwischen uns Kommunisten erträglich ist, kann in der Funktion des Generalsekretärs nicht geduldet werden. Deshalb schlage ich den Genossen vor, sich zu überlegen, wie man Stalin ablösen könnte, und jemand anderen an diese Stelle zu setzen, der sich in jeder Hinsicht vom Genossen Stalin nur durch einen Vorzug unterscheidet, nämlich dadurch, dass er toleranter, loyaler, höflicher und den Genossen gegenüber aufmerksamer, weniger launenhaft usw. ist.»[140]

Man kann bezweifeln, dass eine solche personelle Veränderung an der Spitze der Machtpyramide viel bewirkt hätte, und zur Annahme neigen, das «von Lenin geschaffene System hätte auf jeden Fall seinen ‹Stalin› gefunden».[141] Jedenfalls kamen die verzweifelten Versuche des Todkranken, das Steuer noch einmal herumzureißen, zu spät. Am 21. Januar 1924, um 18 Uhr, starb Lenin. Eine Woche später wurde der Mann, der jeden Personenkult zutiefst gehasst hatte, in ein eigens errichtetes Mausoleum überführt, einbalsamiert und zur Schau gestellt. Der Leichnam Lenins wurde zum Podest für den unaufhaltsamen Aufstieg eines Mannes, der im Namen des Leninismus eine der schlimmsten Diktaturen des 20. Jahrhunderts errichtete. Dieser Mann war Stalin.

Unterrichtsgespräch zur Beurteilung Lenins

Die Sorgen und Befürchtungen von Lenins letzter Lebensphase können – wiederum an einem nachfolgenden Unterrichtstag – zum Ausgangspunkt eines Erkenntnisgeprächs werden, das die Betroffenheit aufgreift, die sich aus der offensichtlichen Diskrepanz von Lenins Vorhaben und seiner Realisierung ergibt; einige Aspekte seien angedeutet.

Wo lag der entscheidende Fehler Lenins? In seinen Zielen, wie sie in den «Aprilthesen» zum Ausdruck kamen? Wohl nicht – der sofortige Friedensschluss, die Enteignung der Großgrundbesitzer und die Umstrukturierung der Betriebe lag durchaus im Interesse der arbeitenden Bevölkerung. Allerdings – eine weitgehende Selbstverwaltung, wie er sie forderte, setzte die Mitarbeit der leitenden Ingenieure, setzte eine gut geschulte Arbeiterschaft voraus. Woher nahm Lenin die Zuversicht, dass beides vorhanden war? Hätte er nicht schon 1917 sehen können, was er vor dem Parteitag 1920 beklagte: «Wir haben nicht einmal das Analphabetentum liquidiert ... Wer von den Arbeitern hat eine Leitungsfunktion ausgeübt? Einige Tausend in ganz Russland, nicht mehr ...»[142]

Damit fällt ein kritischer Blick auf seine Persönlichkeit. Zwar konnte sich Lenin sagen, dass er sich unermüdlich für die Revolution eingesetzt, dass er sich bei aller Machtfülle persönlich nie bereichert hatte. Aber sein unbeugsamer, vielfach auch rücksichtsloser Wille verstellte ihm den klaren Blick auf die gesellschaftlichen Realitäten und die Ansichten Andersdenkender. Die Erwartung der Weltrevolution, auf der sein Handeln beruhte, war eine furchtbare Fehleinschätzung. Als entscheidend jedoch erwies sich – und das wird von den Schülerinnen und Schülern bald bemerkt –, dass die Mittel des politischen Kampfes nicht den gesteckten Zielen entsprachen. Wie kann mit Terror Gutes bewirkt, wie mit Gewalt Freiheit und Gerechtigkeit hergestellt werden? Wie lässt sich Selbstverwaltung anstreben ohne die Möglichkeit freier Meinungsäußerung und demokratischer Verfahren?

Rosa Luxemburg hat dieses Dilemma der Leninschen Politik schon 1918 erkannt und formuliert: «Lenin ... vergreift ... sich völlig im Mittel ... Der einzige Weg zur Wiedergeburt ist die Schule des öffentlichen Lebens selbst, uneingeschränkteste breiteste Demokratie, öffentliche Meinung. Gerade die Schreckensherrschaft demoralisiert ... Mit dem Erdrücken des politischen Lebens im ganzen Lande muss auch das Leben in den Sowjets immer mehr erlahmen ... Freiheit nur für die Anhänger der Regierung, nur für die Mitglieder einer Partei – mögen sie auch noch so zahlreich sein – ist keine Freiheit. Freiheit ist immer nur Freiheit des anders Denkenden.»[143]

Im Hinblicken auf eine solche Kritik ergibt sich die Einsicht in ein Grundgesetz moderner Sozialgestaltung: Die mit der Französischen Revolution aufgekommenen Sozialimpulse von Freiheit, Gleichheit und Brüderlichkeit lassen sich nicht auseinander dividieren; es wird vielmehr darum gehen, eine Verbindung von Liberalismus, Demokratie und Sozialismus zu schaffen.

4. Die Dreigliederungsbewegung 1919 – der soziale Umkreis der Waldorfschul-Gründung

Im Oktober 1918 zeichnete sich das Ende des 1. Weltkrieges ab, und die deutsche Niederlage wurde mehr und mehr zur Gewissheit. In dieser Lage gab die Seekriegsleitung, ohne die Regierung ausreichend informiert zu haben, einen merkwürdigen Befehl: Die gesamte deutsche Hochseeflotte sollte auslaufen, um England zu einer «Entscheidungsschlacht» herauszufordern. Unter den Matrosen gärte es. War das nicht eine sinnlose Demonstration deutscher Ehre zu einem Zeitpunkt, da der Krieg längst verloren war? Sollten sie dabei als Kanonenfutter missbraucht werden? Einige Besatzungen verweigerten die Ausfahrt, und aus dem Funken dieser Meuterei wurde innerhalb weniger Tage eine Revolte und dann der Flächenbrand einer revolutionären Massenbewegung; er ging quer durch Deutschland und erreichte am 9. November Berlin.

Lenin hat einmal spöttisch angemerkt, dass deutsche Revolutionäre keinen Bahnhof besetzen könnten, wenn der Schalter nicht geöffnet sei, um Bahnsteigkarten zu lösen.[144] Damals immerhin ist er gründlich widerlegt worden: Es wurden nicht nur Bahnhöfe besetzt, sondern auch Telegrafenämter, Rathäuser und Polizeistationen. Überall geschah – wie auf eine stillschweigende Verabredung hin – das Gleiche: Die Soldaten entmachteten die Offiziere und wählten ihre Vertreter, die Soldatenräte, die sich solidarisierenden Arbeiter machten es ebenso, und angesichts dieser neuen Oberhoheit der Arbeiter- und Soldatenräte brach die alte Ordnung des Kaiserreiches wie ein Kartenhaus zusammen. Welche Impulse lebten in dieser spontanen, machtvollen Volksbewegung?

Impulse der Arbeiter- und Soldaten-Rätebewegung

Der Dichter Rainer Maria Rilke hat in einem Brief vom 7. November seiner Frau die charakteristische Szene geschildert, wie ein junger Arbeiter bei einer Versammlung im Münchner Bürgerbräukeller vom Wirtshaustisch herab eine improvisierte Rede hielt: «Plötzlich stieg ein junger blasser Arbeiter hinauf, sprach ganz einfach: ‹Haben Sie oder Sie oder Sie, habt Ihr›, sagte er, ‹das Waffenstillstandsangebot gemacht? Und doch müssten wir es tun, nicht diese Herren da oben, bemächtigen wir uns einer Funkstation und sprechen wir, die gewöhnlichen Leute zu den gewöhnlichen Leuten drüben, gleich wird Friede sein.› Ich wiederhole das lange nicht so gut, wie er es ausdrückte, plötzlich, als er das gesagt hatte, stieg ihm eine Schwierigkeit auf, und mit rührender Gebärde, nach Weber, Quidde und den anderen Professoren, die neben ihm auf dem Podium standen, fuhr er fort: ‹Hier, die Herren Professoren können Französisch, die werden uns helfen, dass wir's richtig sagen, wie wir's meinen.› Solche Momente sind wunderbar, und wie hat man sie gerade in Deutschland entbehren müssen … Man kann nicht anders als zugeben, dass die Zeit Recht hat, wenn sie große Schritte zu machen sucht.»[145]

Die Briefstelle macht schlagartig deutlich, was in der Volksbewegung vom Herbst 1918 lebte: das Streben nach Selbstbestimmung und Selbstverwaltung. Diejenigen, die bisher nicht gesprochen hatten, wollten jetzt reden und handeln und ihr Schicksal in die eigenen Hände nehmen. Das geschah in drei Bereichen: auf geistigem, politischem und wirtschaftlichem Felde.

Anfang 1919 wurde ein Arbeitsrat für Kunst gebildet, dem bekannte Maler und Architekten wie Erich Heckel, Max Pechstein, Emil Nolde, Walter Gropius und Bruno Taut angehörten. Sie regten in einem programmatischen Rundschreiben an, die Kunst aus der staatlichen Einflusssphäre herauszulösen: «Befreiung des gesamten Unterrichts für Architektur, Plastik, Malerei und Handwerk von staatlicher Bevormundung.»[146] Freie Schulen – das war eine Forderung, die nicht nur von Künstlern, sondern auch von manchen fortschrittlichen Pädagogen erhoben wurde. Dazu gesellte sich ein Zweites: die Suche nach einer durchgreifenden Demokratisierung von Staat und Gesellschaft. Auf das autoritäre Kaiserreich sollte eine Republik folgen, doch hatte Demokratie mehr zu bedeuten als die Möglichkeit, alle vier Jahre ein Parlament zu wählen: Der Kadavergehorsam im Militär und das Buckeln vor der Obrigkeit sollten verschwinden.

Schließlich strebten besonders die Arbeiter eine Veränderung des Wirtschaftslebens an. Der Kapitalismus hatte in enger Allianz mit dem Staat zu einer enormen Rüstungsindustrie und damit zum Krieg geführt; er sollte durch eine Form von Gemeinwirtschaft abgelöst werden, in der man wirklich «füreinander», für die gegenseitige Bedürfnisbefriedigung, arbeitete und in der die Arbeiter mitbestimmen konnten.

Ein dreifacher Impuls, so lässt sich also zusammenfassen, lebte in der Rätebewegung: das Streben nach freien Schulen, nach demokratischen staatlichen und gesellschaftlichen Verhältnissen sowie nach einem solidarischen Wirtschaftsleben. In Anlehnung an die Ideale der Französischen Revolution ließe sich dieses Ziel auch so ausdrücken: Man wollte Freiheit im Geistesleben, Gleichheit in Bezug auf die vom Staat garantierten Menschenrechte und Brüderlichkeit in den wirtschaftlichen Verhältnissen.

Scheitern der revolutionären Impulse und innenpolitische Brutalisierung

Konnten sich damals diese Bestrebungen durchsetzen? Wenn man auf die weitere geschichtliche Entwicklung hinschaut, so muss die Frage mit ‹Nein› beantwortet werden. Denn es dauerte nicht lange, bis die Parteien mit ihren festgefahrenen Positionen wieder beherrschenden Einfluss gewannen: in der Arbeiterschaft besonders die SPD und die KPD. Dabei strebte die SPD möglichst schnell Parlamentswahlen an, wollte aber – zumindest zunächst – keine Umstrukturierung der Wirtschaft, während die KPD nach Leninschem Vorbild auf eine «Diktatur des Proletariats» und eine Abschaffung des Privateigentums an Fabriken und Grund und Boden hinarbeitete. Die Freiheit des Kulturlebens aber war für beide Gruppierungen indiskutabel.

So dauerte es nicht lange, bis es zu einer Polarisierung, ja, zum bewaffneten Kampf kam: Im Januar 1919 rief der mit der KPD verbundene Spartakusbund zu einem Aufstand auf, der auf Befehl der Volksbeauftragten der SPD mithilfe von konservativen Freikorps-Soldaten blutig niedergeschlagen wurde. Wie grausam es dabei zuging, zeigt die Lynchjustiz gegen die Anführer des Spartakus, Karl Liebknecht und Rosa Luxemburg.

Schon im Dezember war in Berlin ein Plakat aufgetaucht mit dem Bild einer bluttriefenden Bestie und der Inschrift:

> «Arbeiter! Bürger!
> Das Vaterland ist dem Untergang nahe.
> Rettet es! Es wird nicht bedroht von außen, sondern von innen:
> Von der Spartakus-Gruppe.
> Schlagt ihre Führer tot!
> Tötet Liebknecht!
> Dann werdet ihr Frieden, Arbeit und Brot haben!
> Die Frontsoldaten.»[147]

Die Drohung sollte bald in die Tat umgesetzt werden. Am Abend des 15. Januar 1919 verhafteten Freikorps-Soldaten Karl Liebknecht und Rosa Luxemburg und brachten sie zum Hotel Eden, dem Hauptquartier der Garde-Kavallerie-Schützen-Division. Zunächst wurde Liebknecht verhört, dann in der Hotelhalle mit einem Gewehrkolben niedergeschlagen und in ein wartendes Auto gezerrt; auf der Fahrt erschoss man ihn, angeblich, weil er versucht hatte zu fliehen.

Was mit Rosa Luxemburg geschah, hat in einer eidesstattlichen Aussage der Reichstagsabgeordnete und politische Leiter der KPD, Wilhelm Pieck, geschildert: «Ich war in der Wohnung von Marcussohn gemeinsam mit Liebknecht und Rosa Luxemburg verhaftet und per Auto nach dem Eden-Hotel gebracht worden. Beim Betreten des Hotels waren im Vorraum eine Menge Soldaten und Offiziere. Die Offiziere beschimpften Frau Luxemburg ganz flegelhaft, etwa: ‹Röschen, da kommt die alte Hure!› Ich erhob dagegen Protest. Da erklärte der Offizier: ‹Was will der Kerl, ist wohl ihr Kavalier, haut ihm in die Fresse!› Dann wurde Rosa Luxemburg die Treppe hinaufgeführt. Ich wurde daneben an einen Pfeiler gestellt. Ich sah dann, dass ein Offizier, der von den anderen als Hauptmann angeredet wurde, herumlief, den Soldaten Zigaretten anbot und sagte: ‹Die Bande darf nicht mehr lebend das Edenhotel verlassen!› Nach einer Viertelstunde erhielten zwei Soldaten den Auftrag, mich die Treppe hinaufzuführen. Ich wurde den Korridor hinaufgeführt und sah im Vorbeigehen an einer Tür das Schild ‹Hauptmann Pabst› … Kurze Zeit [danach] kam ein Dienstmädchen herauf, fiel einer Kollegin in die Arme und rief: ‹Ich werde den Eindruck nicht los, wie man die arme Frau niedergeschlagen und herumgeschleift hat.›»[148]

Die weiteren Vorgänge lassen sich etwa wie folgt rekonstruieren: Auch Rosa Luxemburg wird mit dem Gewehrkolben niedergeschlagen und in ein Auto gezerrt, das anfährt. Nach etwa einhundert Metern zieht einer der Bewacher, der auf dem Trittbrett des Wagens steht, einen Revolver und legt auf die Gefangene an. Rosa sagt leise: «Nicht schießen», es sind ihre letzten Worte. Beim ersten Versuch versagt die Waffe, als der Mann sie an den Kopf der Gefangenen hält und abdrückt, der zweite Schuss löst sich dann. Rosa Luxemburg ist tot. Die Soldaten und Offiziere nehmen die Leiche heraus, tragen sie bis zur Lichtensteinbrücke und werfen sie in das schlammige Wasser des Landwehrkanals. Am nächsten Tag melden viele Zeitungen Ähnliches wie die Schlagzeile der *BZ am Mittag*: «Liebknecht auf der Flucht erschossen, Rosa Luxemburg von der Menge getötet» – ein Vertuschungsversuch, der noch lange Bestand haben sollte. Erst über zwei Monate später wird der in Verwesung übergegangene Körper Rosa Luxemburgs aus dem Landwehrkanal geborgen.

Die Ereignisse stehen als grausiges Zeichen für die Brutalisierung, die im Frühjahr 1919 in Deutschland eingetreten war. Aus Enttäuschung über die «stecken gebliebene Revolution»[149] kam es nach dem Wahlsieg der SPD zu ausgedehnten Streiks im Ruhrgebiet und in Mitteldeutschland; in München und Bremen wurde eine Räterepublik ausgerufen. Die Unruhen wurden von der Regierung blutig niedergeschlagen – Deutschland stand am Rande eines Bürgerkriegs. In dieser Lage begannen Rudolf Steiner, Emil Molt und einige andere Freunde, ausgehend von Württemberg, eine Bürgerinitiative: Sie wollten versuchen, den dreifachen Selbstverwaltungsimpuls der ursprünglichen Rätebewegung wiederzubeleben.

Rudolf Steiner war zum damaligen Zeitpunkt 58 Jahre alt und als Wissenschaftler bekannt. Schon mit 21 Jahren hatte er den Auftrag bekommen, Goethes naturwissenschaftliche Schriften herauszugeben. Er hatte mehrere philosophische Werke geschrieben, unter anderem *Die Philosophie der Freiheit*, ein Buch, in dem er einen inneren Weg zur Selbstbestimmung beschrieb. Sein Anliegen, Menschen zur Selbstentwicklung zu ermutigen, hatte ihn dann zur Begründung der Anthroposophischen Gesellschaft geführt, die 1914 immerhin 107 Arbeitsgruppen mit rund 3700 Mitgliedern umfasste.[150] Steiner war kein Mann der Theorie, der vom grünen Tisch aus Weltverbesserung predigte, vielmehr sind viele seiner Ideen aus konkreten Begegnungen und Fragestellungen erwachsen. Besonders auf sozialem Felde war das der Fall. Denn als ihn ein junger Arbeiter gebeten hatte, als Lehrer an der sozialistischen Arbeiterbildungsschule in Berlin mitzuwirken, hatte er spontan zugesagt und etwa fünf Jahre lang, von 1899 bis 1904, Kurse in Naturwissenschaften und Geschichte, Redeübungen und schriftlichem Ausdruck gegeben. Da er frei sprach und zum Fragen und Diskutieren anregte, zählten seine Veranstaltungen bald zu den meist besuchten der ganzen Schule. Allerdings dachte Steiner nicht daran, sich inhaltlich an den marxistischen Hintergrund anzupassen. «Na, materialistische Geschichtsauffassung war das ja nicht, aber interessant war es», äußerte einer der Arbeiter,[151] und so konnte der Konflikt mit dem Vorstand nicht ausbleiben. Doch eine Abstimmung unter den Studierenden brachte ein für die Schulleitung unangenehmes Ergebnis: 348 sprachen sich für den Verbleib Steiners aus, nur zwölf waren dagegen. Als aber der Vorstand weiterhin betonte, er wolle nicht Freiheit, sondern «vernünftigen Zwang», zog Steiner die Konsequenzen und erklärte seine Mitarbeit für beendet. Geblieben aber war ein engagiertes Interesse für die Probleme der Arbeiterschaft und die politischen Verhältnisse.

Mit Ausbruch der revolutionären Volksbewegung vom November 1918 gewann Steiner den Eindruck, dass jetzt wirklich fortschrittliche Sozialimpulse an die Oberfläche drängten, und er suchte ihnen mit seiner Idee einer «Dreigliederung des sozialen Organismus» eine Richtung zu geben. Nicht einseitig, wie man das bisher versucht hatte,[152] waren die Impulse von Freiheit, Gleichheit und Brüderlichkeit zu verwirklichen, sondern in lebendigem Zusammenspiel durch Schulung des Urteilsvermögens, für welche gesellschaftlichen Aufgaben welches Ideal gelten kann.

Freiheit – so Steiner in seinem 1919 erschienenen Buch *Die Kernpunkte der sozialen Frage* – erscheint als sinnvoll für alles geistige Leben. Einem Künstler wird man nicht vorschreiben dürfen, wie eine Cello-Suite zu interpretieren ist, ebenso wenig einem Lehrer, wie er das Bruchrechnen einzuführen hat. Ähnliches gilt für einen qualifizierten Handwerker oder Facharbeiter. Sobald es um die Anwendung von Fähigkeiten geht, lebt man im Bereich des Geisteslebens – und da soll erlerntes Können sich frei ausleben dürfen.

Anders verhält es sich im Rechtsleben. Vor dem Gesetz sind alle Menschen gleich, unabhängig von ihren Fähigkeiten und ihrem Reichtum – einfach aufgrund ihrer Menschenwürde. Wenn der Chef die Vorfahrt abschneidet, so ist das ebenso ein Vergehen wie bei einem Lehrling; bis hinein in die Verkehrsordnung gilt das Prinzip der Gleichheit.

Das Wirtschaftsleben schließlich ist seinem Wesen nach eine Veranstaltung des Füreinander-Arbeitens. Der größte Teil der Menschheit lebt nicht mehr als Selbstversorger, sondern in arbeitsteiligen Verhältnissen – quer über den gesamten Globus hin. Auf diesem Felde ist Solidarität, Brüderlichkeit gefordert. Dabei ist das Wort ganz unsentimental zu nehmen; es meint zunächst einmal, dass Produzenten und Händler sich bemühen, den Bedarf der Konsumenten wirklich zu decken. Wenn der Bäcker keine Brötchen hat und sich lange Schlangen vor den Lebensmittelgeschäften bilden, ist das Wirtschaftsleben krank – und solche Verhältnisse werden von der Bevölkerung nicht ewig geduldet werden. Doch hat die Brüderlichkeit im Wirtschaftsleben noch einen weiteren Aspekt: die Suche nach dem gerechten, angemessenen Preis. Gelegentlich finden sich in den Auslagen Seidenhemden zum Preis von 25 DM. In solchen Fällen kann man mit ziemlicher Sicherheit davon ausgehen, dass Kinder in einem Land der Dritten Welt für einen Hungerlohn arbeiten mussten, sonst könnte der Endpreis so niedrig nicht sein. Denn in den Preisen stecken die Löhne derer, die am Produkt mitgearbeitet haben, und vielfach geschieht das unter ausbeuterischen Bedingungen. Sollen im Wirtschaftsleben menschenwürdige Verhältnisse eintreten, so sind Absprachen zwischen Produzenten, Händlern und Konsumenten in assoziativen Zusammenschlüssen erforderlich – eine Zukunftsaufgabe des Wirtschaftslebens.

Ein weiterer Gesichtspunkt ist beim Wirtschaften wesentlich: die Einkommensbildung. Wie kommt sie zustande? Ist es richtig, wenn ein «Arbeitgeber» – ein merkwürdiger Ausdruck – einen bestimmten «Lohn» für die erbrachte Leistung zugesteht? Wäre es im Blick auf den Arbeitsprozess nicht weitaus sachgemäßer, von einem gemeinsamen Arbeitserträgnis auszugehen, das untereinander zu verteilen ist? Welcher Schlüssel erscheint dabei sinnvoll? Sollte ein hoch qualifizierter Fachmann ein doppelt oder sogar fünfmal

Abb. 11: Emil Molt (1876 – 1936).

so hohes Gehalt bekommen wie ein Ungelernter? Welche Rolle müsste der Bedarf, etwa die Zahl der zu versorgenden Kinder, bei der Ertragsteilung spielen?

Indem Steiner solche und ähnliche Fragen und Gedanken mit seinen Freunden bewegte,[153] in Vorträgen behandelte[154] und auch schriftlich niederlegte,[155] zeichneten sich ideell Konturen einer dreigliedrigen Gesellschaft ab, die den Impulsen der sozialen Bewegung – Freiheit, Demokratie und Solidarität – entsprachen.

Der entscheidende Mitarbeiter Steiners in dieser Zeit war Emil Molt, ein Praktiker der Wirtschaft, der für neue Ideen stets offen war. 1876 in Schwäbisch Gmünd geboren, war Molt schon im Alter von dreizehn Jahren nach dem frühen Tod seiner Eltern auf sich gestellt. Nach einer harten Ausbildungszeit als kaufmännischer Lehrling wurde er von seinem Chef für einige Jahre nach Griechenland geschickt, um in einem bedeutenden Import- und Exportgeschäft den internationalen Handel kennen zu lernen. Im Alter von dreißig Jahren hatte er dann den Mut, mit nur geringem Kapital die Zigarettenfabrik «Waldorf-Astoria» mitzubegründen. Das Unternehmen florierte und zählte um 1919 etwa tausend Beschäftigte; Emil Molt als «Direktor» stand auf dem Höhepunkt gesellschaftlicher Anerkennung.

Eindringlicher aber als durch diese wenigen Daten wird Molt durch eine kleine Szene charakterisiert, die ein Mitarbeiter überliefert hat. Klein von Gestalt und energisch, wie er war, trat er im Frühjahr 1919 einmal aus seinem Büro und stellte mit Entschiedenheit fest, indem er mit der geballten rechten Faust in die geöffnete linke Hand schlug: «… mit all dem endlosen Reden werden wir heute keinen Schritt weiterkommen, wenn wir den Hammer nicht immer wieder in den eigenen Kleinkram sausen lassen, den wir hüten wie eine Schatzkammer».[156]

Mit Steiner und Molt – so viel mag deutlich geworden sein – hatten sich Menschen gefunden, die einander durch ihre Gedankenschärfe und Tatkraft gut ergänzten. Zusammen mit einigen Freunden gingen sie nun im Frühjahr 1919 daran, ausgehend von Stuttgart eine Kampagne für eine «Dreigliederung des sozialen Organismus» zu starten.

Die Dreigliederungsbewegung

Im Frühjahr 1919 stellte sich als Erstes die Aufgabe, die neue Idee bekannt zu machen. Zu diesem Zweck hielt Rudolf Steiner zwischen Ostern und Juni 1919 in Stuttgart und Umgebung an die siebzig Vorträge, teilweise in den großen Sälen der Stadt, teilweise unmittelbar in den Betrieben – er sprach bei Daimler und Bosch ebenso wie bei Waldorf-Astoria oder der Brauerei Wulle. Wie es dabei zuging, ist in einer zeitgenössischen Schilderung festgehalten. «Hier saß man, bunt durcheinander gewürfelt an einer Menge von Einzeltischen. Bier und Most wurden ausgiebig getrunken; es war nie ganz still, weil man immerzu das Geklirr der Bierseidel hörte, in das sich ein zwar stark abgedämpftes, aber doch vernehmlich hin und her wuselndes Gewirr von Stimmen mischte. Geraucht wurde wie aus Schloten … Es gab einen Versammlungsleiter mit klirrender Glocke, es gab Wortmeldungen, die nach der Liste erledigt wurden, es gab Geschäftsordnungsanträge, die alles unterbrachen, und das Ganze war nicht auf Zimperlichkeit, sondern auf raue Offenheit und kräftiges Hauen und Stechen eingestellt.»[157]

Jetzt kamen Steiner seine Erfahrungen aus der Arbeiterbildungsschule zu Hilfe; obwohl seine Stimme von den verrauchten Sälen zunächst meist heiser war, gelang es ihm erstaunlich gut, eine Beziehung zu seinen Zuhörern zu finden. Dem Vortrag vor der Belegschaft von Daimler etwa, die als besonders radikal galt – hier waren SPD-Funktionäre und Gewerkschaftsführer aus dem Werk geprügelt worden –, spürt man an, wie eng der Kontakt zur Arbeiterschaft war. Da wird nicht doziert, sondern die eigene Position lebendig entwickelt: «Sehen Sie, es kann heute einer kommen und sagen: Ja, sieh mal, du bist der Ansicht, dass es künftig nicht mehr faulenzende Rentiers (d. h. Bezieher von Einkommen aus Grundbesitz) geben darf? – Jawohl, ich bin dieser Ansicht.»[158]

Auch findet sich manche Polemik, etwa gegen einen allmächtigen Staat, der nur deshalb die Kleinkinder-Erziehung noch nicht übernommen habe, «weil ihm die ersten Erziehungsjahre des Menschen zu unreinlich verlaufen». Und als ein Diskussionsredner Steiner fragt, warum er so viel Agitatorisches in seinem Vortrag verwendet habe, hält dieser ihm entgegen, ob er denn «nur berechtigt sei, Unverständliches, Unagitatorisches, also Redensarten zu sagen».[159] Er habe nichts anderes als seine Überzeugung vertreten, wenn das als agitatorisch empfunden werde, hänge es vielleicht auch vom politischen Standpunkt des Fragestellers ab.

Nach etwa drei Wochen zeichnete sich ab, dass die Informationskampagne erfolgreich verlaufen war: Eine Volksbewegung entstand. Dafür gibt es eine Reihe von Indizien. Zunächst einmal das positive Echo in der Presse. Als Beispiel für die zustimmenden Kommentare zu den Vorträgen Rudolf Steiners kann der Bericht der *Schwäbischen Tagwacht* gelten, die der SPD nahe stand. Darin heißt es am 29.4.1919 über einen Vortrag vom Vorabend: «Kein Programm wurde entwickelt, sondern lebensvolle Wirklichkeit, enthüllt durch die Darstellung der gegenwärtigen, im sozialen Leben sich auswirkenden Tatsachen, sodass diese aus ihren Untergründen zu verstehen sind. Was über das proletarische Wollen gesagt wurde, zeugte von tiefem Verständnis und Miterleben. Immer wieder betont Steiner, dass nicht über das Proletariat gedacht werden solle, sondern mit dem Proletariat. Was Steiner an konkreten Einzelheiten anführte, die dazu angetan sind, dem Wollen des Proletariats Erfüllung zu bringen, war außerordentlich reichhaltig. Nachdrücklich soll hier auf sein Buch hingewiesen werden, das den gleichen Titel wie der Vortrag trägt.»[160]

Die Zustimmung breiter Kreise zur neuen Initiative lässt sich auch an der Tatsache ablesen, dass 10 000 bis 12 000 Menschen eine Resolution unterstützten, welche von der württembergischen Regierung forderte, «dass Dr. Rudolf Steiner unverzüglich berufen wird, damit die Dreigliederung des sozialen Organismus, welche als die einzige Rettung aus dem drohenden Untergange erscheint, sofort in Angriff genommen werde».[161] Sicher, eine solche Meinungsäußerung war angesichts der strikt ablehnenden Haltung der württembergischen Regierung wenig erfolgversprechend, und Rudolf Steiner selbst hat der Resolution, die er – wie er ausdrücklich betonte – nicht veranlasst hatte, denn auch «nur einen ideellen Wert» zugesprochen, «denn erstens würde es bei dieser Regierung nicht dazu kommen, zweitens wäre auch mit dieser Regierung nichts zu machen».[162] Dennoch zeigt sie, dass die Dreigliederungsidee «zündete» – vor allem in den Kreisen der Arbeiterschaft, die mit dem Räteimpuls der Selbstverwaltung ernst machten. So formierte sich innerhalb der schon seit dem 22. April bestehenden lockeren Organisationsform der Bewegung, dem «Bund für Dreigliederung des sozialen Organismus», dessen Aktivitäten durch einen «Arbeitsausschuss» koordiniert wurden, ein zweiter Aktionskreis, dem nur Arbeiter angehörten: das «Arbeiterkomitee für soziale Dreigliederung».[163] Die Mitglieder dieses Komitees waren im Stuttgarter Proletariat keineswegs unbekannt. Sie waren engagierte Sozialisten und gehörten überwiegend der USPD, einer linken Abspaltung von der SPD, an. Manche von ihnen hatten schon Ende März bei der Organisation der württembergischen Streikbewegung zusammengearbeitet.[164] Damit lässt sich ihre politische Richtung bestimmen: Sie vertraten einen gegenüber den Parteiführern antiautoritären, basisdemokratischen Sozialismus. Ihre verantwortliche Mitarbeit in der Bewegung zeigt, dass Rudolf Steiner keine Berührungsängste gegenüber Linkssozialisten hatte – sofern sie bereit waren, die Dreigliederung als ideelle Grundlage der Gesellschaftsveränderung anzuerkennen. Gleichzeitig muss sein Vertrauen in die Wandlungskraft menschlicher Begegnung erstaunen, ging er doch davon aus, dass Menschen unterschiedlichster sozialer und politischer Herkunft, Bürgerliche und Arbeiter, einen Weg politischer Zusammenarbeit finden könnten. Und in der Tat – in den ersten Wochen trog diese Hoffnung nicht.

Die temperamentvolle Stegreifrede des USPD-Genossen Siegfried Dorfner nach einem Vortrag Rudolf Steiners vor überwiegend bürgerlichem Publikum spiegelt die Aufbruchstimmung wider: «... Sie, verehrte Anwesende, haben Herrn Dr. Steiner begeistert zugejubelt. Nun möchte ich Ihnen verraten, dass in der vorigen Woche und in dieser Woche in allen Versammlungen die Proletarier aller Parteischattierungen, Mehrheitssozialisten, Unabhängige Parteien, Kommunisten voll und ganz mit Herrn Dr. Steiner einverstanden waren und ihm ebenso begeistert, ja noch mehr als Sie, zugejubelt haben, und dass sie alle die Resolution gefasst haben, zu verlangen, dass Herr Dr.

Steiner in die Regierung gerufen werde. Nun frage ich Sie: Ist das nicht die Brücke? Hätten wir jetzt gar kein Mittel, um jetzt zusammenzukommen? Wir Arbeiter, wir bieten euch die Hand an (starker Beifall); stellen wir uns auf den Boden der Dreigliederung, und der Klassenkampf wird verschwinden. In Freiheit und Gleichheit wollen wir Brüder sein.»[165]

So erfolgreich die ersten Wochen verliefen, so schwierig gestaltete sich der Fortgang der Kampagne. Denn als die «Dreigliederer» nun begannen, nicht nur eine neue Idee zu proklamieren, sondern auch gesellschaftliche Strukturen zu verändern, indem sie zur Wahl von Betriebsräten als Organe einer Umgestaltung des Wirtschaftslebens und Kulturräten als Ausgangspunkt eines freien Schulwesens aufriefen, regte sich massiver Widerstand. Unternehmerverbände, Gewerkschaften und die etablierten Parteien machten entschieden Front gegen die Initiativen; dabei scheuten sie auch vor einer Disziplinierung ihrer Mitglieder nicht zurück. Wie schon im November 1918 zeigte sich, wie unheimlich der Selbstverwaltungsimpuls denen war, die auf eingefahrenen Positionen und Privilegien beharrten.

Vorbereitungen für die Begründung der ersten Waldorfschule

Als sich im Juni 1919 abzeichnete, dass mit der Dreigliederungsbewegung kein gesamtgesellschaftlicher Durchbruch zu erzielen war, konzentrierte man alle Kraft auf die Begründung der Waldorfschule als konkretes Beispiel dafür, wie ein freies Schulwesen aussehen könnte; dabei war in den vorangegangenen Monaten wichtige Vorarbeit geleistet worden.

Schon im November 1918 hatte Molt bei einem Rundgang durch seinen Betrieb ein wichtiges Gespräch mit einem Arbeiter gehabt. Der Mann erzählte ihm, sein kleiner Sohn sei wegen seiner guten Fähigkeiten von der Volksschule in eine höhere Schule versetzt worden. Dann aber seufzte er auf: «Aber ich kann das Schulgeld ja doch nicht bezahlen …» Blitzartig wurde Molt klar, was es für die arbeitende Klasse bedeutete, durch Geldmangel vom Bildungsgang der Vermögenden abgeschnitten zu sein. «An diesem Gespräch, das für den anderen vielleicht gar keine große Bedeutung hatte, entzündete sich bei mir der Gedanke einer Schulgründung», stellte Molt 1925 rückblickend fest.[166]

Einige Wochen später, am 27. Januar 1919, machte Rudolf Steiner in einem vorbereitenden Gespräch über die Dreigliederungskampagne die Anmerkung: «Wir müssen zuerst aus dem Geld, das wir noch haben, freie Schulen gründen», sonst seien angesichts der fortschreitenden Geldentwertung die Hemmnisse zu groß.[167]

Emil Molt nahm diese Worte als Bekräftigung der eigenen Idee und zögerte nicht zu handeln: Er unterbreitete dem damaligen württembergischen Kultusminister Heymann seinen Plan, eine freie Schule für die Arbeiterkinder seines Betriebes zu gründen. Der Minister zeigte sich erstaunt und erfreut, dass ausgerechnet ein «Kapitalist» eine solche «Einheitsschule» – wir würden heute sagen Gesamtschule – für Kinder aller sozialen Schichten ins Leben rufen wollte.

Als somit deutlich wurde, dass von staatlicher Seite aus keine Hindernisse zu befürchten waren, gewann Molt zwei junge Lehrer, die sich für das Projekt begeisterten: Herbert Hahn und E. A. Karl Stockmeyer.

Arbeiterbildung bei Waldorf-Astoria

Einem der zukünftigen Lehrer, Herbert Hahn, übertrug Emil Molt allerdings eine andere Aufgabe: Kurse für die Angestellten und Arbeiter von Waldorf-Astoria zu geben, die während der bezahlten Arbeitszeit stattfinden sollten. Denn wie konnte eine Umstrukturierung der Wirtschaft mit einer wirksamen Mitbestimmung der Arbeiterschaft erfolgreich sein, wenn die Arbeitenden nicht über die Verarbeitung und den Handel – vom Rohstoff bis hin zum Konsumenten – informiert waren, wenn sie nur als Fertigungsmaschine, nicht als Mensch angesprochen wurden? In einem ersten Gespräch klärte Molt den eben neunundzwanzigjährigen Hahn über seine Aufgabe auf; er erwarte, dass alle zwölf Abteilungen des Werkes wöchentlich einen Kurs bekämen. Hahn kombinierte blitzschnell und erblasste. Das bedeutete zwei Kurse pro Tag! Unsicher warf er ein: «Aber ich habe doch in meinem ganzen Leben überhaupt nur zwei Vorträge gehalten. Den einen habe ich als Schüler abgelesen. Der andere war eine Plauderei über meine Italienreise, die ich für die Reformleute der Obstbaukolonie Eden veranstaltet habe.» So etwas aber konnte Molt nicht rühren. «Was macht das? Jetzt ist ein neuer Tag, jetzt fangen Sie eben an», meinte er lakonisch.[168] Und wirklich: Herbert Hahns Unterricht fand Anklang. Die Arbeiter kamen gern, und auf ihren Wunsch hin wurden die Kursthemen auch auf menschenkundliche Fragen ausgeweitet.

Auch für die geplante Waldorfschul-Gründung wirkten sich die Arbeiterbildungskurse positiv aus. Denn am 24. April 1919, einen Tag nach einem Vortrag Steiners vor der Belegschaft von Waldorf-Astoria, in dem er gleiche Bildungschancen für alle sozialen Schichten gefordert hatte, kamen einige Arbeiter zu Herbert Hahn, bedankten sich zunächst für den interessanten Unterricht und fügten dann hinzu: «Aber wir sagen uns auch: Für uns ist es schon ein bissel spät, könnten nicht schon unsere Kinder eine Schule bekommen, wo man so viel Lebendiges erfährt?»[169] Als diese Bitte ausgesprochen wurde, war sie schon erfüllt. Denn bereits am Vortag hatte Emil Molt auf einer Betriebsratssitzung den Beschluss zur Gründung einer Waldorfschule bekannt gegeben und Rudolf Steiner um die pädagogische Betreuung gebeten. Der hatte spontan zugesagt. Mit einem gewissen Stolz hatte Molt daraufhin mitgeteilt, dass der Schule aus dem Reingewinn des Vorjahres 100.000 Mark zur Verfügung stünden, und etwas «belämmert» geschaut, als Steiner reichlich nüchtern und realistisch erwidert hatte: «Zwar bescheiden, aber wenigstens ein Anfang.»[170]

Kritik und Auseinandersetzung

Die nächsten Schritte bis hin zur Schulgründung – Erwerb eines Grundstückes, Zusammenstellung des Lehrerkollegiums, pädagogische Kurse – wurden in den wenigen Monaten bis zum September bewältigt. Selbstverständlich gab es in Stuttgart auch Kritik gegen das Vorhaben: von sozialistischer Seite aus der misstrauische Einwand, die Erziehung des Volkes werde in die Hand eines Kapitalisten gelegt, und von konservativen Kreisen das Bedenken gegen den Erwerb des Grundstücks auf der Uhlandshöhe, lag doch dort ein beliebtes Restaurant. Gegenüber solchen Stimmen veröffentlichte der Arbeiterausschuss von Waldorf-Astoria eine entschiedene Erklärung, welche an die in der Zeitung *Sozialdemokrat* erhobenen Vorwürfe anknüpfte: «Der ‹Sozialdemokrat› verliert sich leider durch solche Bemerkungen in denselben spießbürgerlichen Ton, in dem eine Reihe von weiteren Angriffen gegen die Waldorfschule gehalten ist. Ob man das Vespern einer notwendigen aufbauenden Kulturarbeit vorzieht oder ob man eine vernünftige Neuerung, einen kühnen Versuch deswegen niedriger stellt, weil er von einem Fabrikanten ausgeht, bleibt sich so ziemlich gleich. Dieser Einwand entstammt demselben abgestandenen und engen Denken, das uns nicht zu wirklichem Fortschritt kommen lässt ... Die unterzeichnenden Mitglieder des Arbeitsausschusses der Waldorf-Astoria-Zigarettenfabrik legen Wert darauf, mit allem Nachdruck zu betonen, dass sie selbst einsichtig genug sind, nicht in jene kapitalistische Falle zu gehen, die der ‹Sozialdemokrat› zu sehen glaubt. Wenn die Waldorf-Leute ihre Kinder in eine neue Schule geben, so haben sie sich vorher davon überzeugt, dass es sich dabei wirklich um eine neue gute Tat handelt. Der Arbeiter-Ausschuss ist unbeirrt von allerlei Geschwätz und allerlei alten Einwänden seit dem Beginn der Revolution für wirklich neue Taten immer eingetreten, und er fordert alle diejenigen auf, die ein Unternehmen schon kritisieren wollen, ehe es überhaupt seinen Wert hat erweisen dürfen, abzuwarten, ob der Fortschritt vom vielen Reden oder vom entschlossenen Handeln kommen wird. Wenn sich in der Waldorffabrik Arbeitsleister und Arbeitsleiter zu einem wirklich neuen Geist zusammenfinden, zu wirklich fruchtbarer Arbeit, so ist das eine Tat, der gegenüber solche Einwände wie die vom Fabrikanten- und Unternehmertum so anmuten, als kämen sie aus denjenigen Zeiten und denjenigen Köpfen, über welche die wirkliche Revolution der Tat längst hinweggeschritten sein sollte.

Der Waldorf-Astoria-Zigarettenfabrik AG.»[171]

Schulgründung als Höhepunkt der Dreigliederungsbewegung

Der in der Erklärung ausgesprochene engagierte Rückhalt in der Waldorf-Arbeiterschaft machte es möglich, dass die Schule am 7. September 1919 feierlich eröffnet werden konnte. Sie umfasste zunächst acht Klassen mit 256 Schülern, von ihnen stammten 191 aus den Familien der Angestellten und Arbeiter von Waldorf-Astoria, die übrigen 65 zumeist aus anthroposophisch orientierten Familien aus Stuttgart und Umgebung.

Viele haben damals die Schulgründung «als den stärksten und überzeugendsten Ausdruck der Dreigliederungs-Aktivitäten»[172] empfunden. Denn die Waldorfschule machte als freie, staatsunabhängige Schule mit eigenem Lehrplan und eigenständiger Lehrerberufung ernst mit der Selbstverwaltung im Geistesleben. Es gab und gibt auch an den gegenwärtigen Waldorfschulen keinen Direktor; die gesamte Schulgestalt liegt in der Verantwortung der möglichst eng zusammenwirkenden Lehrer, Eltern und – im Maße ihrer Bereitschaft und Fähigkeit – auch Schüler. Eine solche offene Schulform verlangt ein dauerndes Ringen um die großen Impulse moderner Sozialge-

Abb. 12: Das Café Uhlandshöhe, das ursprüngliche Gebäude der Freien Waldorfschule Stuttgart-Uhlandshöhe.

stalt: Freiheit, Gleichheit und Brüderlichkeit. Wie kann man lernen, schöpferisch und produktiv zu werden? Wie lässt sich so zusammenarbeiten, dass die individuellen Initiativen Raum haben, sich zu entfalten und für das Gesamte fruchtbar zu sein? Wie kommt man zu verbindlichen Verabredungen, die für alle in gleicher Weise gelten? Und schließlich: Wie lässt sich das Schulgeld der Eltern so festlegen, wie das Lehrereinkommen so bemessen, dass der jeweiligen Bedarfssituation Rechnung getragen wird?

Wenn solche Fragen im Zusammenhang mit dem historischen Kontext der Schulgründung im Unterricht leben, können die Schülerinnen und Schüler ihre unmittelbare Umgebung als Teil einer sozialen Bewegung erfahren, die Antworten sucht auf zentrale Probleme der Gegenwart; sie können zudem erleben, dass sie aufgerufen sind, die soziale Welt selbst mitzugestalten.

5. *Ulrike Meinhof – vom Idealismus zum Terror*

Das Jahr 1968 ist inzwischen zu einer Chiffre geworden für Protest und Aufbruch der Studentenbewegung: gegen die Gewalt des Vietnam-Krieges, gegen den «Muff unter den Talaren» der universitären Elite, gegen das «Establishment» in Politik und Gesellschaft, für mehr Selbstbestimmung und Solidarität. Ein Aspekt dieser Zeit spiegelt sich im Leben und Tod von Ulrike Meinhof.

Am 7. Oktober 1934 geboren, wuchs Ulrike Meinhof mit ihrer vier Jahre älteren Schwester in einer von lebendiger Religiosität geprägten, anti-faschistisch eingestellten Familie auf. Ihr Vater, Direktor des Stadtmuseums in Jena, starb, als Ulrike sechs Jahre alt war. Bald darauf lud ihre Mutter, die ein Studium in Kunstgeschichte begonnen hatte, ihre Mitstudentin und Freundin Renate Riemeck ein, bei ihnen zu wohnen. Beide Frauen legten das Staatsexamen ab, gemeinsam entschieden sie sich, die sowjetisch besetzte Zone zu verlassen, um nach Oldenburg zu ziehen. Sie traten der SPD bei und wurden Lehrerinnen.

Eine Schülerin und Studentin mit Zivilcourage

Als 1949 Ulrikes Mutter an einer Krebserkrankung starb, wurde Renate Riemeck, inzwischen Professorin für Pädagogik, zur Pflegemutter und zum bewunderten Vorbild. Ulrikes Interesse für Literatur, Kunst, Geschichte und Politik entzündete sich in zahlreichen Gesprächen mit der engagierten älteren Freundin. In der Schule fiel Ulrike durch ihre hohe Begabung, aber auch ihre Zivilcourage auf: Sie arbeitete in der Schülermitverwaltung und bei der Schülerzeitung mit, und sie hatte den Mut zu widersprechen, wenn sie etwas als ungerecht empfand. Als ein Lehrer der Oberstufe sie einmal anschrie, entgegnete sie in aller Seelenruhe: «Herr Studienrat, ich glaube, es ist nicht üblich, mit einer Schülerin der Oberstufe so laut zu sprechen.»[173] Der Lehrer lief rot an und brüllte weiter. Da packte Ulrike ihre Sachen, stand auf und ging hinaus. Konferenzen wurden abgehalten, Ulrike Meinhof sollte die Schule verlassen. Doch Renate Riemeck setzte sich für sie ein, so durfte sie bleiben.

Nach dem Abitur studierte Ulrike in Marburg Pädagogik und Psychologie,

Abb. 13: Ulrike Meinhof (1934 – 1976); Foto: Ullstein.

gleichzeitig kämpfte sie im «Sozialistischen Deutschen Studentenbund» (SDS), der Studentenorganisation der SPD, gegen Pläne zur atomaren Bewaffnung der Bundeswehr. Ende Mai 1958 wurden in elf Universitätsstädten Kundgebungen abgehalten: Studenten in Schlips und Kragen und Studentinnen in Röcken demonstrierten gegen die Remilitarisierung. In dieser noch stark konservativ eingefärbten Nachkriegszeit war es eine Sensation, als in Münster nach einem Pfarrer, einem Gewerkschafter und einem Professor eine junge Frau von Anfang zwanzig – Ulrike Meinhof – das Podium betrat. Bald darauf lernte sie Klaus Rainer Röhl, den Chefredakteur von *konkret*, einer links eingestellten Kulturzeitschrift, kennen. Sie fing an, politische Kommentare zu schreiben, forderte zu Verhandlungen mit der DDR auf und wurde selbst Chefredakteurin von *konkret*. 1961 heiratete sie Klaus Rainer Röhl. Als sie ein Jahr darauf ein Kind erwartete, begann sie unter starken Kopfschmerzen zu leiden. Untersuchungen ergaben, dass die Störung im Gehirn liegen musste. Vor die Wahl gestellt, sich operieren zu lassen oder das Kind zu bekommen, weigerte sich Ulrike Meinhof, die Schwangerschaft abbrechen zu lassen. Es wurden Zwillinge geboren: Bettina und Regine. Erst danach unterzog sie sich dem chirurgischen Eingriff; dabei stellte sich der befürchtete «Tumor» als Blutgefäßerweiterung heraus. Fast drei Monate musste sie in der Klinik bleiben, doch trotz ihrer angeschlagenen Gesundheit und den gewachsenen familiären Aufgaben schonte sie sich nicht; die journalistische Arbeit und die politischen Aktivitäten wurden bald wieder aufgenommen.

Proteste werden zu Verbrechen gestempelt

In den 60er Jahren eskalierte der Krieg zwischen dem kommunistischen Norden Vietnams und dem von den USA protegierten Süden; immer massiver griff die Luftwaffe der Vereinigten Staaten in die Kämpfe ein, Angriffe gegen die Städte Nordvietnams wurden geflogen, die Deiche entlang des Roten Flusses bombardiert. Der Terror gegen die Zivilbevölkerung löste weltweite Proteste aus, in Deutschland begann sich eine außerparlamentarische Opposition zu formieren. Als der amerikanische Vizepräsident Hubert Humphrey im Frühjahr 1967 Deutschland besuchte, riefen die Studenten zu Demonstrationen auf; die «Kommune I», eine revolutionäre Wohngemeinschaft, plante ein «Happening»: Humphrey sollte mit Pudding beworfen werden. Doch als die Gruppe ihr Vorhaben an einigen Bäumen im Grunewald ausprobierte, wurde sie entdeckt. Eine Welle der Empörung schwappte durch die Zeitungen, dabei wurde aus dem Puddingattentat unversehens ein Sprengstoffanschlag. *Bild* druckte eine fette Schlagzeile: «Geplant: Berlin – Bombenanschlag auf US-Vizepräsidenten». Ulrike Meinhof nahm die Vorgänge zum Anlass, ihrerseits in *konkret* einen politischen Kommentar zu schreiben: «Nicht Napalmbomben auf Frauen, Kinder und Greise abzuwerfen, ist demnach kriminell, sondern dagegen zu protestieren. Nicht die Zerstörung lebenswichtiger Ernten, was für Millionen Hunger und Hungertod bedeutet, ist kriminell, sondern der Protest dagegen, es gilt als unfein, mit Pudding und Quark auf Politiker zu zielen, nicht aber, Politiker zu empfangen, die Dörfer ausradieren lassen und Städte bombardieren ... Napalm ja, Pudding nein.»[174]

Ähnlich scharf nahm Ulrike Meinhof Stellung, als bald darauf der Schah von Persien mit seiner Frau Farah Diba zum Staatsbesuch erwartet wurde. Während die Illustrierten in Schilderungen von der Pracht des Kaiserthrons schwelgten und Farah Diba in einem persönlichen Beitrag für die *Neue Revue* die Zustände in Persien in einem rosaroten Licht malte, schrieb Ulrike in einem «offenen Brief»: «Sie erzählen da: Der Sommer ist im Iran sehr heiß und wie die meisten Perser reiste ich auch mit meiner Familie an die Persische Riviera am Kaspischen Meer. Wie die meisten Perser – ist das nicht übertrieben? Die meisten Perser sind Bauern mit einem Jahreseinkommen von weniger als 100 Dollar. Und den meisten persischen Frauen stirbt jedes zweite Kind – 50 von 100 – vor Hunger, Armut und Krankheit, und auch die Kinder, die in 14-stündigem Tagwerk Teppiche knüpfen, fahren auch – die meisten? – im Sommer an die Persische Riviera am Kaspischen Meer? – Sie schreiben: In diesem Punkt ist das iranische Grundgesetz sehr strikt. Der Schah von Persien muss einen Sohn haben. Merkwürdig, dass dem Schah ansonsten die Verfassung so gleichgültig ist, dass keine unzensierte Zeile in Persien veröffentlicht werden darf, dass nicht mehr als drei Studenten auf dem Universitätsgelände von Teheran zusammenstehen dürfen, dass Mossadeghs Justizminister die Augen ausgerissen wurden, dass Gerichtsprozesse unter Ausschluss der Öffentlichkeit stattfinden, dass die Folter zum Alltag der persischen Justiz gehört ... Wir wollen Sie nicht beleidigen: Wir wünschen aber auch nicht, dass die deutsche Öffentlichkeit durch Beiträge wie den Ihren in der Neuen Revue beleidigt wird.

Hochachtungsvoll
Ulrike Meinhof»[175]

Der folgende Schah-Besuch führte zur Eskalation der Auseinandersetzungen zwischen den protestierenden Studenten und dem «Establishment»; die entscheidenden Ereignisse spielten sich am 2. Juni 1967 in Berlin ab. Als das Kaiserpaar am Abend die Deutsche Oper besuchte, um der Aufführung der «Zauberflöte» zu lauschen, hatten sich zahlreiche Demonstranten versammelt. Sprechchöre wie «Schah, Schah, Scharlatan» oder «Mörder, Mörder» wurden laut. Studenten warfen Tomaten, Farbeier und Mehltüten, ohne allerdings den von Polizei und persischen Anhängern gut abgeschirmten Schah zu treffen. Erst als Reza Pahlevi und seine Frau in der Oper verschwunden waren, wurde – wie zuvor vereinbart – der Einsatzbefehl gegeben; mit gezogenen Gummiknüppeln stürmte die Polizei auf die Demonstranten los, einzelne Suchtrupps, auch in Zivil, rückten den Fliehenden nach, um vermeintliche Rädelsführer festzunehmen. Es folgte die brutalste Knüppelei, die Berlin in der Nachkriegszeit erlebt hat. Zahlreiche Studenten brachen blutüberströmt zusammen, auch Unbeteiligte wurden attackiert.

In der Nähe des Grundstücks Krumme Straße 66/67 kam es zu einem Handgemenge. Einige Beamte glaubten, einen Drahtzieher ausgemacht zu haben, einen Studenten mit Schnurrbart, rotem Hemd und Sandalen ohne Socken. Sie stürzten auf ihn zu, rissen ihn zu Boden, Demonstranten eilten hinzu, der Verdächtige suchte zu fliehen. Polizisten setzten nach, erreichten ihn und traktierten ihn mit Schlägen. In diesem Augenblick war Kriminalobermeister Karl-Heinz Kurras zur Stelle, in der Hand eine entsicherte Pistole, kaum einen halben Meter vom Kopf des Demonstranten entfernt. Plötzlich löste sich ein Schuss, die Kugel drang über dem rechten Ohr in das Gehirn und zerschlug die Schädeldecke. «Bist du wahnsinnig, hier zu schießen?», schrie einer der Beamten Kurras an. Der aber stammelte: «Die ist mir losgegangen.»

Im Städtischen Krankenhaus Moabit konnte nur noch der Tod des Studenten festgestellt werden. Es handelte sich um Benno Ohnesorg, Pazifist und aktives Mitglied der Evangelischen Studentengemeinde. Er hatte zum ersten Mal an einer Demonstration teilgenommen. Als Heinrich Albertz, Regierender Bürgermeister von Berlin, den Schah am nächsten Morgen fragte, ob er von dem Toten gehört habe, bekam er zur Antwort: Ja, das solle ihn nicht beeindrucken, das geschehe im Iran jeden Tag.

Eskalation – der Anschlag auf Rudi Dutschke

Von nun an eskalierte die innenpolitische Auseinandersetzung; Brandanschläge auf Frankfurter Kaufhäuser gaben der Presse reichlich Gelegenheit, die studentische Opposition als gewalttätig hinzustellen. Zielscheibe zahlreicher wütender Artikel war vor allem Rudi Dutschke vom SDS, immer stärker anerkannter Wortführer der Studenten. Die rechtsradikale *Deutsche Nationalzeitung* schrieb unter dem Datum des 22. März 1968: «Stoppt Dutschke jetzt! Sonst gibt es Bürgerkrieg. Die Forderung des Tages heißt: Stoppt die linksradikale Revolution jetzt! Deutschland wird sonst das Mekka der Unzufriedenen aus aller Welt.»

Unter der Schlagzeile waren, aufgereiht wie Fahndungsbilder, fünf Fotos von Dutschke zu sehen.

Diesen Artikel trug der 24-jährige Anstreicher Josef Bachmann bei sich, als er, eine Pistole im Schulterhalfter, am 11. April 1968 im Interzonenzug von München nach Berlin fuhr. Dort erkundigte er sich beim Einwohnermeldeamt, wo Dutschke wohnte, und nahm dann einen Autobus in Richtung der angegebenen Adresse: Kurfürstendamm 140. Er sah Dutschke, der gerade Medizin für seinen dreijährigen Sohn holen wollte, mit einem Fahrrad aus dem Haus kommen, fragte ihn: «Sind sie Rudi Dutschke?», zog dann die Pistole und schoss dreimal. Blutüberströmt brach der Studentenführer zusammen. Erst Tage später wurde klar, dass Dutschke überleben würde.

Nach erstem Entsetzen und stummer Wut diskutierten die Studenten im Audimax der Technischen Universität über das Geschehene. Wer da geschossen hatte, das war nicht ein Verrückter, verhetzter Einzelner, das war die Presse, das waren vor allem die rechtskonservativen Blätter! Keine Springer-Zeitung darf heute die Druckerei verlassen – entsprechend dieser Parole agierten die Studenten.

Doch eine Barrikade aus nebeneinander gestellten Wagen, vor dem Verlagshaus spontan aufgebaut, wurde schnell von der Polizei durchbrochen, als die ersten Auslieferungsfahrzeuge herankamen. So fanden Molotowcocktails reißenden Absatz, und bald stand die Wagenhalle in Brand. Fotos mit brennenden Lastwagen gingen am nächsten Tag durch die Zeitungen – ein schlagender Beweis für die Gewalttätigkeit der Studenten! Denn noch war nicht bekannt, was sich später herausstellen sollte: Der Mann, der den Weidenkorb mit zündfertigen Molotowcocktails bereitgestellt hatte, Peter Urbach, war Agent des Verfassungsschutzes.

Ulrike Meinhof hatte all diese Ereignisse miterlebt, stumm hatte sie nach dem Attentat auf Dutschke an der Versammlung in der SDS-Zentrale teilgenommen, war mitgezogen zum Audimax und dann zum Springer-Verlagshaus. Erst einen Tag später nahm sie auf einem Teach-in Stellung, dann aber pointiert: «Wirft man einen Stein, so ist das eine strafbare Handlung. Werden tausend Steine geworfen, ist das eine politische Aktion. Zündet man ein Auto an, ist das eine strafbare Handlung, werden Hunderte Autos angezündet, ist das eine politische Aktion.»[176]

«Du sollst töten – um höherer Zwecke willen»

Diese Sätze deuten an, was in ihr rumorte: Das bloße Analysieren, die politische Aufklärung reichten nicht aus – es musste gehandelt werden, notfalls mit Gewalt. Im Rahmen einer solchen Strategie der Systemveränderung suchte die Studentenbewegung ihre Basis zu erweitern, einerseits durch stärkere Nähe zur Arbeiterschaft, andererseits durch Kontakt zu den Randgruppen der Gesellschaft: Obdachlose, Heiminsassen und Fürsorgezöglinge. Ulrike Meinhof begann mit der Arbeit an dem Film «Bambule», er beruht auf Aussagen von Fürsorgezöglingen und greift scharf die Zustände in Heimen an: gefängnisähnliche Isolation, körperliche Züchtigung, autoritäre Erziehungsmethoden und mangelnde Berufsausbildung.

Ihre stärkere Nähe zur Studentenbewegung, die neuen Einsichten und Bekanntschaften hatten für Ulrike Meinhof auch persönliche Folgen: Schon Anfang 1968 hatte sie sich von Klaus Rainer Röhl getrennt, damit aber auch vom großbürgerlichen Lebensstil und ihrer Villa in Hamburg und war nach Berlin gezogen. Bald darauf, im April 1969, folgte ein weiterer Schritt: Ulrike beendete ihre Mitarbeit bei *konkret* – das Blatt sei ein linksradikales Alibi ohne systemverändernde Konsequenzen. Bei einer Aktion gegen die Redaktion auf dem Hamburger Gänsemarkt wurde ein entsprechendes Flugblatt verteilt:

> «Überm Schreibtisch Che Guevara
> unterm Schreibtisch McNamara.
> Ihr fahrt mit der Straßenbahn,
> der Chef reist mit 'nem Porsche an.
> Macht Schluss mit dem konkreten Mief
> und schafft ein APO-Kollektiv.»[177]

In den nächsten Monaten machte Ulrike Meinhof die Bekanntschaft von Gudrun Ensslin und Andreas Baader, die inzwischen ihre Strafe für eine Kaufhaus-Brandstiftung in Frankfurt abgesessen hatten; beide verfolgten eine sozialrevolutionäre Strategie nach dem Vorbild der «Black Panther», der gewalttätigen Bewegung der Schwarzen in den USA. An einem der gemeinsam verbrachten Diskussionsabende ließ sich Ulrike überreden, LSD zu nehmen. Die Stimmung wechselte abrupt, pendelnd zwischen Heiterkeit und Aggressivität, Brutalität und geträumter Gemeinsamkeit. Ulrike konnte sich nicht konzentrieren und wurde von Angst gepackt, der Angst, verrückt zu werden, die sie bei der Operation kennen gelernt hatte. Im Verlauf der Nacht sprach ihr Gudrun Ensslin ein neues, revolutionäres «Glaubensbekenntnis» vor – alle zehn Gebote müssten gebrochen werden: «Du sollst töten – um höherer Zwecke willen».

Nicht lange danach, als Baader erneut festgenommen wurde, stand Ulrike Meinhof tatsächlich vor der Entscheidung: Sollte sie mitmachen und sich damit in die gefährliche Zone der Illegalität begeben? Sollte sie sogar selbst

Gewalt anwenden? Oder sollte sie nichts tun und so – wie ihr vorgehalten wurde – die Freunde verraten?

Man plante ein Buchprojekt, um Baader – zumindest zeitweise – aus dem Gefängnis herauszuholen; Ulrike Meinhof sollte mit ihm über randständige Jugendliche schreiben. Zu diesem Zweck erhielt Baader die Erlaubnis, im «Institut für soziale Fragen» zusammen mit Ulrike Meinhof Zeitschriften aus den 20er Jahren einzusehen. Dabei sollte Baader mit Waffengewalt befreit werden, ohne sein Begleiterin, deren Abneigung gegen Waffen bekannt war, unmittelbar zu beteiligen.

Doch die Aktion verlief anders als gedacht: Der beteiligte « Waffenexperte» verlor die Nerven, schoss anstatt mit der Gaspistole mit einer echten und verletzte einen Institutsangestellten schwer. In dem Durcheinander sprang mit Baader und den Befreiern auch Ulrike Meinhof aus dem Fenster. Es war ein Sprung in die dauernde ungewollte Illegalität.

Sprung in die Illegalität – Haft – das Ende

Einmal im Untergrund, änderte sich das Leben Ulrike Meinhofs radikal: Getrennt von ihren Kindern, die zum Vater zurückkehrten, nahm sie mit Baader, Ensslin, dem Rechtsanwalt Horst Mahler, mit Petra Schelm und anderen Mitgliedern der sich bildenden «Roten Armee Fraktion» (RAF) an der militärischen Ausbildung in einem jordanischen Palästinenserlager teil, sie erlebte die Spannungen innerhalb der Gruppe mit, sie beteiligte sich an Banküberfällen, fälschte Pässe, beriet Sprengstoffanschläge – bis sie dann am 15. Juni 1972 verhaftet wurde.

Die Mitglieder der RAF – kurz zuvor waren Andreas Baader, Holger Meins, Jan Carl Raspe und Gudrun Ensslin festgenommen worden – erhielten verschärfte Einzelhaft. Ulrike Meinhof wurde in einen Teil des Gefängnisses von Köln-Ossendorf verlegt, in dem sich außer ihr niemand befand, sie war also nicht nur von allen sozialen Kontakten isoliert, sondern auch akustisch. Das Zimmer war weiß gestrichen, Bilder durften nicht aufgehängt werden, die Neonbeleuchtung wurde auch nachts nicht ausgeschaltet, es war immer kühl in der Zelle, nur alle vierzehn Tage durfte sie Besuch von Verwandten bekommen, wobei ein Beamter immer mit anwesend war. Über diese Zeit im toten Trakt vom 16. Juni 1972 bis zum 9. Februar 1973 hat sie später geschrieben: «Das Gefühl, es explodiert einem der Kopf (das Gefühl, die Schädeldecke müsste eigentlich zerreißen, abplatzen) ... das Gefühl, die Zelle fährt. Man wacht auf, macht die Augen auf: die Zelle fährt; nachmittags, wenn die Sonne reinscheint, bleibt sie plötzlich stehen. Man kann das Gefühl des Fahrens nicht absetzen ... Das Gefühl, man verstummt – man kann die Bedeutung von Worten nicht mehr identifizieren, nur noch raten – der Gebrauch von Zischlauten ist absolut unerträglich – Kopfschmerzen – Satzbau, Grammatik Syntax – nicht mehr zu kontrollieren. Beim Schreiben: zwei Zeilen – man kann am Ende der zweiten Zeile den Anfang der ersten nicht behalten – das Gefühl innerlich auszubrennen.»[178]

Die Gefangenen wehrten sich durch Hungerstreiks; nach dem dritten Streik, kurz vor dem Prozess, erhielten Andreas Baader, Gudrun Ensslin, Jan Carl Raspe und Ulrike Meinhof, die man inzwischen nach Stuttgart-Stammheim verlegt hatte, die Erlaubnis, jeden Tag einige Stunden miteinander zu verbringen. Wie stark allerdings die Haftbedingungen inzwischen auf die Persönlichkeitsstruktur der Gefangenen gewirkt hatten, zeigt der Untersuchungsbericht des Psychologen Rasch. Er konstatiert neben dem erheblichen Untergewicht Übermüdung, ernsthafte Kreislaufstörungen, Konzentrationsschwierigkeiten, Wahrnehmungsschwierigkeiten, vermindertes Leistungsvermögen, Kopfschmerzen, Koordinierungs- und Orientierungsschwierigkeiten.[179]

Am 10. September 1974 wurde ein erster Prozess gegen Ulrike Meinhof eröffnet, im Zentrum der Anklage stand ihre Beteiligung an der Baader-Befreiung. Im November wurde sie zu acht Jahren Freiheitsstrafe verurteilt.

Das eigentliche Verfahren gegen die Begründer der RAF, Baader, Ensslin, Raspe und Meinhof, aber begann am 21.5.1975, es sollte 192 Prozesstage dauern – bis zum 28.4.1977. Das Urteil lautete lebenslänglich für alle Angeklagten; sie wurden für schuldig befunden, sechs Bombenanschläge, vier Morde, 39 Mordversuche (verwundete Personen bei Anschlägen und bei der Festnahme) verübt und eine kriminelle Vereinigung gegründet zu haben.

Ulrike Meinhof jedoch erlebte das Urteil nicht mehr mit; am Morgen des 9. Mai 1976 wurde sie aufgehängt in ihrer Zelle gefunden. Unmittelbar nach ihrem Tod begann die Auseinandersetzung darüber, ob Selbstmord oder Mord vorlag. Bis heute konnte die Frage nicht zweifelsfrei geklärt werden – ebenso wenig wie bei Andreas Baader, Gudrun Ensslin und Jan Carl Raspe, die man am Morgen des 18. Oktober 1977 tot bzw. tödlich verwundet in ihren Zellen fand, nachdem der Versuch eines palästinensischen Kommandos, sie durch Geiselnahme von Flugzeugpassagieren freizupressen, auf dem Flughafen von Mogadischu gescheitert war.

Damit und mit dem Racheakt der zweiten Generation der RAF, der Ermordung des entführten Arbeitgeberpräsidenten Hanns-Martin Schleyer endete der «deutsche Herbst» 1977; die Bilanz von sieben Jahren «Untergrundkampf» waren 47 Tote und ein bisher nicht gekannter Ausbau des Polizeiapparates mit modernsten Mitteln der Datenerfassung. Der Angriff auf den Staat hatte nicht zu einer Zerschlagung, sondern zu einer Stärkung des Staatsapparates geführt. Die Studentenbewegung aber verlor ihre Durchschlagskraft und spaltete sich in verschiedene Gruppierungen auf. Neben der kleinen Minderheit, die in den Sog terroristischer Gruppen geriet, gab es manche, die sich Drogen zuwandten, um auf solch eine illusionäre Weise zu einer Veränderung – zunächst des eigenen Selbst – zu kommen. Andere erprobten in «Kommunen» neue Formen des Zusammenlebens und einer «antiautoritären Erziehung», wieder andere begaben sich auf den «langen Marsch durch die Institutionen», um politisch langfristig doch noch etwas zu bewirken. Dabei durchmischten sich die Strömungen in vielfältiger Weise. Das Licht von «1968» hat ausgestrahlt, aber uneindeutig und gebrochen.

Wenn diese Zeit anhand einer Biografie wie der Ulrike Meinhofs im Geschichtsunterricht behandelt wird, lassen sich manche Themen im Erkenntnisgespräch oder durch Hinzuziehung ergänzender Materialien anschließen, etwa die Erörterung des Imperialismus im Blick auf den Vietnamkrieg und die Verhältnisse in Persien oder die Frage nach der Meinungsmanipulation hinsichtlich der Pressekonzentration in der BRD. Zentral aber wird die Auseinandersetzung sein mit der Frage: Warum kippte der ursprüngliche Idealismus Ulrike Meinhofs in Terror um?

Warum kippte der Idealismus in Terror um?

Zu ihrer Beantwortung wird sich empfehlen, die Stationen des Weges von Ulrike Meinhof im Sinne einer Charakterisierung zu verfolgen. Der Ausgangspunkt ihres Engagements war ein christlich motivierter Pazifismus. Noch in den ersten Semestern ihres Studiums arbeitete sie in einer evangelischen Jugendgruppe mit; in der Mensa der Universität, so wird berichtet, betete sie vor dem Essen. Ganz auf der Linie einer christlichen Ethik lag ihr Protest gegen die atomare Bewaffnung der Bundeswehr, den sie mit Renate Riemeck und mit anderen engagierten Christen teilte.

In der Folgezeit wurde diese Motivation durch eine stärkere Politisierung ergänzt: Sie begann, die Wiederbewaffnung als Ausdruck eines Staates zu verstehen, in dem frühere Nazis im Militär, der Justiz, der Industrie und selbst in der Politik wieder an Einfluss gewannen. Bestimmend für diese zweite Phase ihres Wirkens war ihre journalistische Tätigkeit, die sie veranlasste, zu einer Fülle aktueller Themen – Ostpolitik und Gewerkschaften, Pressefreiheit und Notstandsgesetze, Imperialismus und antikoloniale Befreiungsbewegungen – von einer sozialistischen Position aus Stellung zu beziehen. Mit ihren weit mehr als hundert Kolumnen, die sie in den Jahren 1959 bis 1969 für *konkret* verfasste, beeinflusste sie nachhaltig eine ganze Generation von jungen Oppositionellen: Studenten, Pfarrer, Gewerkschafter, Fürsorger, Schriftsteller und Journalisten. Ihr beruflicher Erfolg und die Heirat mit Klaus Rainer Röhl machten die unerbittliche Gesellschaftskritikerin nun selbst zum Teil des Establishments mit einem gehobenen Lebensstil und häufiger Anwesenheit auf den Partys der High Society.

Das Leiden unter dieser Zerrissenheit führte zur dritten Station ihres Weges: zum Bruch mit Röhl und *konkret* und zur Identifikation mit der Studentenbewegung. Durch ihre Recherchen über Randgruppen für Rundfunk und Fernsehen stieg sie zudem in die trostlose Welt von Elendsquartieren, Bewahrungsheimen, Fürsorgeanstalten und Fließbandhallen ein. Je intensiver sie ihre politischen Ideen mit ihrer persönlichen Betroffenheit verband, umso existenzieller stellte sich ihr die Frage nach dem Handeln, nach einer Strategie politischer Systemveränderung. Angesichts der bestehenden Machtverhältnisse – vor allem der Einbindung der SPD in die große Koalition mit der CDU/CSU – wuchs ihr Zweifel an der Wirksamkeit des Wortes. In dieser Unsicherheit ließ sie sich faszinieren durch den militanten Aktionismus von Andreas Baader und Gudrun Ensslin, die – weitgehend unreflektiert – von der maoistischen Maxime ausgingen, alle Macht stamme aus den Gewehrläufen. Weil sie sich der revolutionären Sache mit ihrer ganzen Existenz widmen, weil sie endlich «etwas tun» wollte, verdrängte sie sowohl ihre instinktive Abneigung gegen Waffengewalt wie ihre gedanklichen Zweifel. Das Abtauchen in die Illegalität war nicht das Ergebnis bewusster Planung, sondern das Zufallsprodukt der dilettantisch durchgeführten Baader-Befreiung. Aber einmal im Untergrund, wollte sie ihre Freunde nicht verraten; sie begann nun einen Weg militanter Aktion zu rechtfertigen, der ihr früher absurd erschienen war.

Überblickt man diesen Lebensweg von der christlichen Moralistin über die politische Publizistin und Anwältin der Entrechteten bis hin zur Terroristin, so erscheint der Bruch deutlich: Er liegt in der Anwendung von Gewalt. Denn Gewaltanwendung, wenn sie nicht als Notwehr in einer Diktatur erfolgt, impliziert die materialistische Maxime, Ideen seien letztlich wirkungslos und die Menschen nicht mehr als Marionetten des Systems. Im Rückblick hat sich dieser Weg als kontraproduktiv erwiesen, bewirkte er doch das Gegenteil des Beabsichtigten, nämlich eine Stärkung des Staatsapparates.

Die Auseinandersetzung mit der Tragik Ulrike Meinhofs kann damit die Einsicht wecken für die Perspektive realer Gesellschaftsveränderung: Sie kann nicht an den Menschen vorbei, sondern nur mit und durch ihr Bewusstsein erfolgen. Die Intensität des Engagements, die Ulrike Meinhof vorgelebt hat, ist auf die Revolutionierung des geistigen Lebens und der gesellschaftlichen Einrichtungen – Universitäten, Schulen, Erziehungsheime und Fabriken – zu richten, politischer Wandel muss in Demokratien auf demokratischem Wege erfolgen.

Wenn es gelingt, einerseits Verständnis zu wecken für das Anliegen Ulrike Meinhofs und der «68er» und andererseits den Blick zu schärfen für Sackgassen und Möglichkeiten einer gesellschaftsverändernden Praxis, können die historischen Erfahrungen in die Zukunft hinein fruchtbar werden. Denn weiterhin gilt das Wort von Gustav Heinemann: «Mit allem, was sie getan hat, so unverständlich es war, hat sie uns gemeint.»

6. *Mahatma Gandhi. Von der Macht der Gewaltlosigkeit*

Das 20. Jahrhundert war ein Jahrhundert der Entkolonialisierung: Überall auf der Welt strebten die ehemaligen Kolonialvölker nach Selbstregierung. Vielfach ist dabei die nationale Unabhängigkeit durch blutige Auseinandersetzungen erreicht worden, durch den Einsatz von Massenheeren oder durch die Technik des Partisanenkrieges. Indien dagegen befreite sich von der Herrschaft Englands durch einen gewaltfreien Aufstand. Dieser außergewöhnliche Weg in die Selbstständigkeit ist eng mit Mahatma Gandhi verbunden, einer Persönlichkeit, die von vielen als «das Gewissen der Menschheit» empfunden wurde.[180] Um sein Wirken zu verstehen, erscheint es ratsam, zunächst einen kurzen Blick auf die gesellschaftlichen, kulturellen und politischen Verhältnisse Indiens zu werfen.

Um 1900 war Indien der größte und kostbarste Besitz des englischen Weltreiches. Mit einer Bevölkerung von etwa 320 Millionen lebten in ihm mehr Menschen als in ganz Europa. Starke Gegensätze und eine ungeheure Mannigfaltigkeit kennzeichneten das Land. Da war einerseits die Vielfalt der Religionen: Neben den 200 Millionen Hindus lebten etwa 70 Millionen Moslems, dazu gab es die Buddhisten, die Sikhs, die Jains, die Parsen, Christen und Juden sowie zahllose kleinere Glaubensgemeinschaften. Da war andererseits die Vielfalt der Sprachen: 26 verschiedene Hauptsprachen wurden in Indien gesprochen, dazu zählte man noch fast 200 verschiedene Dialekte; über allem aber stand als Sprache der Verwaltung das Englisch. Schließlich gab es die unterschiedlichen Kasten, in die man nach dem Glauben des Hinduismus hineingeboren wurde und nach deren Gesetzen man zu leben und sein Schicksal zu erdulden hatte: Priester (Brahmanen), Krieger (Kshatriyas), Bauern und Kaufleute (Vaishyas), Diener und Lohnarbeiter (Shudras). Zudem hatte sich eine Gruppe von Kastenlosen, die «Unberührbaren» (Parias) gebildet, die aus der Hindu-Gemeinschaft ausgestoßen waren; sie wurden weder in Tempeln noch in Schulen geduldet und hatten «unreine» Tätigkeiten wie etwa die Müllbeseitigung zu verrichten. Schon die Berührung mit ihrem Schatten machte die Angehörigen der anderen Kasten unrein. Immer wieder entstanden aus diesen Gegensätzen heraus Feindseligkeiten und Unruhen: Ein Moslem hatte eine Kuh geprügelt, die den Hindus heilig war, ein Hindu hatte die Trommel vor einer Moschee geschlagen, in der die Mohammedaner beteten. Dazu kamen noch die sozialen Unterschiede. Manche der alten Fürstengeschlechter, die Maharadschas, lebten in märchenhaftem Reichtum und besaßen ausgedehnte Ländereien. Es gab eine dünne Schicht von Reichen: Großindustrielle, Banker, Kaufleute und hohe Beamte mit riesigen Einkommen. Aber die Masse des indischen Volkes, besonders die Bauern, die 80 % der Bevölkerung ausmachten, waren verarmt und mutlos.

Gerade ihre Lage hatte sich durch die Kolonialisierung verschlechtert. Denn nachdem England im 18. und 19. Jahrhundert nach und nach ganz Indien unter seine Herrschaft gebracht hatte, überschwemmten englische Waren, besonders Textilien, den indischen Markt und vernichteten die autarke Dorfwirtschaft und das indische Baumwollgewerbe. Die meisten Bauern verloren ihr Land und wurden zu Pächtern oder zu Landarbeitern, die kein regelmäßiges Einkommen mehr fanden. Zudem musste das indische Volk nicht nur über Steuern das Militär und die Beamten der Kolonialmacht bezahlen, sondern auch große Summen als Tribut an die englische Staatskasse abliefern.

Ein unscheinbares Kind

Langsam nur wurde dem heranwachsenden Gandhi die Lage seines Landes bewusst, verlebte er doch seine Kindheit an einem Ort, der von der europäischen Zivilisation weitgehend unberührt geblieben war: in Porbandar auf der Halbinsel Kathiawar an der Westküste Indiens, etwa auf halbem Weg zwischen Bombay und Karatschi gelegen. Hier kam Mohandas Karamchand Gandhi am 2. Oktober 1869 zur Welt, und nichts schien zunächst auf eine bedeutende Zukunft hinzudeuten. Mohandas war ein unscheinbares Kind und verlebte eine ereignislose Jugendzeit. Sein Vater, Karamchand Gandhi, diente zu verschiedenen Zeiten den Fürsten der Kleinstaaten dieser Gegend als Premierminister. Bildung hatte er kaum erwerben können, doch zeichnete er sich durch Wahrheitsliebe, Gerechtigkeitssinn und vor allem eine reiche Erfahrung in praktischen Dingen aus, sodass er auch den verwickeltsten Problemen gewachsen war und sich bei der Führung von Tausenden von Menschen vielfach bewährte. Auch seine Mutter besaß eine gehörige Portion gesunden Menschenverstand, bis hinauf zur Fürstenmutter schätzte man ihren Rat. Was den jungen Mohandas aber an ihr besonders beeindruckte, war ihre tiefe Religiosität und Selbstbeherrschung. Putlibai ging jeden Tag zum Tempel und aß nie, ohne vorher ein Gebet gesprochen zu haben. Oftmals fastete sie, dabei erfüllte sie ihre täglichen Pflichten als Hausfrau und Mutter ohne Einschränkung und in völliger Heiterkeit. Einmal legte sie das Gelübde ab, während des «Chaturmas», einer Fastenperiode, die sich über die viermonatige Regenzeit hinzog, keine Nahrung zu sich zu nehmen, solange sie nicht die Sonne sähe. Gandhi notierte in seiner Autobiografie: «Wir Kinder standen in jenen Tagen und blickten zum Himmel empor, darauf wartend, unserer Mutter das Erscheinen der Sonne zu melden. Jeder weiß, dass in der Mitte der Regenzeit die Sonne oft ihr Antlitz nicht zu zeigen geruht. Und ich erinnere mich an Tage, wo wir, wenn sie plötzlich erschien, zur Mutter hineinstürzten, um ihr das anzuzeigen. Sie eilte dann hinaus, um mit eigenen Augen nachzusehen, aber inzwischen war die flüchtige Sonne schon wieder verschwunden, sie so ihrer Mahlzeit beraubend. ‹Das macht nichts›, sagte sie heiter, ‹Gott will nicht, dass ich heute esse.› Und dann kehrte sie zu ihrem Pflichtenkreis zurück.»[181]

In der Schule fiel Mohandas kaum auf, weil er so schüchtern war. Nach dem Unterricht lief er sofort heim, um nicht mit jemandem sprechen zu müssen. «Ich fürchtete sogar, es könne sich jemand über mich lustig machen.»[182] Diese Unsicherheit mag auch damit zusammengehangen haben, dass Gandhi zunächst Schwierigkeiten im Rechenunterricht hatte. «Ich kann nur ein mittelmäßiger Schüler gewesen sein,»[183] erinnerte er sich später. Schon im Alter von dreizehn Jahren wurde Gandhi nach hinduistischem Brauch mit einem gleichaltrigen Mädchen, Kasturbai, verheiratet. Vierzig Jahre nach dem Ereignis stand ihm dieser «grausame Brauch der Kinderheirat» noch lebhaft vor Augen: «Die Frau meines Bruders hatte mich über mein Verhalten in der ersten Nacht instruiert. Wer meine Frau instruiert hatte, weiß ich nicht. Ich habe sie nie danach gefragt, noch habe ich Lust, das jetzt zu tun. Der Leser kann glauben, dass wir zu nervös waren, um einander ins Gesicht zu sehen. Sicherlich waren wir zu befangen. Wie sollte ich mit ihr reden, und was sollte ich ihr sagen? Die Instruktion konnte mir dabei nicht weiterhelfen. Tatsächlich aber ist in solchen Dingen keine Instruktion wirklich nötig. Die Eindrücke der früheren Geburt sind mächtig genug, um alle Instruktionen überflüssig zu machen. Wir begannen nach und nach, einander zu erkennen und frei miteinander zu sprechen. Wir waren gleichaltrig. Aber ich verlor keine Zeit, das Recht des Ehemannes geltend zu machen.»[184]

Die Heirat und das Zusammenleben mit seiner Frau beschäftigten Gandhi so sehr, dass er auf der Schule ein Jahr verlor. Allerdings konnte er diesen Rückstand bald wieder wettmachen, indem er eine Klasse übersprang; auf der Oberstufe brachte er mit zunehmendem Alter gute Zeugnisse nach Hause und gewann sogar Preise. Wichtiger als diese Leistungen aber war ihm die Entwicklung seines Charakters: Wenn er getadelt wurde und die Zurechtweisung als berechtigt empfand, so konnte er das kaum ertragen. In diesem Zusammenhang ist auch von einer Verfehlung zu berichten, die von dem alten Gandhi schlichtweg als «Tragödie» bezeichnet wurde.[185]

Unter den wenigen Freunden, die Mohandas besaß, imponierte ihm besonders ein moslemischer Junge, Scheich Mehtab; er war stark, unternehmungslustig, ein guter Langstreckenläufer, aber auch geübt im Hoch- und Weitsprung. Und woher kam all diese Kraft? Natürlich vom Fleischessen! Das jedenfalls behauptete nicht nur sein Freund, sondern es erklärte auch, warum die Engländer ihre Kolonialherrschaft über die Inder errichten konnten. Wurde dieser Zusammenhang nicht in einigen Versen, die damals bei den Schülern in Mode waren, deutlich ausgesprochen?

> «Schau dir den starken Briten an,
> er beherrscht den kleinen Inder
> Weil er ein Fleischesser ist,
> ist er fünf Ellen groß.»[186]

Auf diesem Hintergrund wurde es für Mohandas, in dessen Familie Fleischgenuss aus religiösen Gründen streng untersagt war, geradezu zu einer nationalen Pflicht, Fleisch zu essen. An einer einsamen, unbeobachteten Stelle am Fluss versuchte Gandhi das Ziegenfleisch, das sein Freund zubereitet hatte, herunterzuwürgen. Es war zäh wie Leder, und ihm wurde sofort übel. In der darauf folgenden Nacht quälte ihn die Vorstellung, eine lebende Ziege meckere in ihm, und er fuhr reuevoll auf. Aber dann besann er sich darauf, dass Fleisch essen «eine Pflicht war»[187], und er setzte gemeinsam mit seinem Freund die Fleischmahlzeiten, die nunmehr geschmackvoller zubereitet waren und in einem staatlichen Speisehaus stattfanden, fort. Schließlich aber wurden ihm die Heimlichtuerei und Unehrlichkeit seinen Eltern gegenüber, die auf keinen Fall von dieser «Sünde» erfahren durften, zu viel. Gandhi gab den Fleischgenuss auf und beschloss, erst nach ihrem Tod wieder Fleisch zu sich zu nehmen.

Indessen wurde Gandhi sechzehn Jahre alt, und sein Vater erkrankte ernsthaft an einer Fistel. Mohandas pflegte ihn, verband die Wunde, verabreichte die Medizin und massierte jeden Abend die Beine des Kranken, bis er einschlief. Dann kam der Abend, den Gandhi nie vergessen konnte. «Es war abends halb elf oder elf Uhr. Ich verrichtete die Massage. Mein Onkel erbot sich, mich abzulösen. Ich war froh darüber und ging direkt ins Schlafzimmer. Meine Frau, das arme Ding, war fest eingeschlafen. Doch wie durfte sie schlafen, wenn ich da war? Ich weckte sie auf. Nach fünf oder sechs Minuten jedoch klopfte der Diener an die Tür. Ich fuhr hoch. ‹Steh auf›, sagte er, ‹Vater geht es sehr schlecht.› Natürlich wusste ich, dass es ihm sehr schlecht ging, daher ahnte ich, was sehr schlecht in diesem Augenblick bedeutete. Ich sprang aus dem Bett.

‹Was ist los? Sprich!› – ‹Vater lebt nicht mehr.›

So war alles zu Ende. Ich konnte nur die Hände ringen. Ich empfand tiefe Scham und Elend. Ich stürzte in Vaters Zimmer. Ich sah ein, dass ich ... meinem Vater in seinen letzten Augenblicken die Qual der Trennung hätte ersparen müssen.»[188]

Nach dem Tod des Vaters entstand die Frage, welchen Beruf Mohandas ergreifen könnte. Die Familie holte sich Rat bei Freunden. Gandhi selbst wäre am liebsten Arzt geworden. Aber aus religiösen Gründen erschien das Sezieren von Leichen als problematisch. So wurde entschieden, dass Gandhi den Spuren seines Vaters folgen und Jura studieren sollte. Das aber war am raschesten und wirkungsvollsten in England möglich. Trotz erheblicher Widerstände von Seiten der Angehörigen seiner Kaste setzte Gandhi diesen Plan durch: Nachdem er in feierlicher Form die drei Gelübde abgelegt hatte, in England weder Wein noch Weib noch Fleisch anzurühren, verließ er Indien am 4. September 1888, einen Monat vor seinem neunzehnten Geburtstag.

Erfahrungen in England

In London versuchte der junge Student der Rechte zunächst einmal, sich der britischen Lebensart möglichst gründlich anzupassen. Er kaufte sich einen Zylinder, einen Stock mit Silberknauf, Seidenhemden und gestreifte Hosen, er ließ sich einen teuren Abendanzug anfertigen, er nahm Unterricht im Tanzen, in Französisch und in der Vortragskunst, um den richtigen Schliff im Benehmen zu bekommen. Doch dieser Versuch, aus sich einen Gentleman zu machen, hielt angesichts der horrenden Kosten nur etwa drei Monate lang an – dann hatte sich Gandhi darauf besonnen, dass er zum Studieren gekommen war. Inzwischen war es ihm auch gelungen, in London ein vegetarisches Speisehaus zu entdecken, das ihm ermöglichte, sich satt zu essen und gleichzeitig dem seiner Mutter gegebenen Gelübde zu folgen. Unter den

Vegetariern fand er auch erste Freunde; durch Gespräche und Lektüre gewann er bald die Überzeugung, dass die vegetarische Ernährung für den Menschen die einzig richtige sei.

Von entscheidender Bedeutung für sein weiteres Leben aber war, dass er in diesem Freundeskreis mit der Bhagavad-Gita, der heiligen Schrift des Hinduismus, in Berührung kam; erst in England entdeckte er somit die Quellen seiner eigenen Kultur. Das Lehrgedicht mit seinen siebenhundert Strophen beeindruckte ihn so stark, dass er es auswendig lernte; die Anschauung, der Mensch dürfe sich als geistiges Wesen nicht vom Sinnesgenuss abhängig machen, und die Lehre von der Reinkarnation, durch die der Tod an Bedeutung verliert, verstärkten Anschauungen, die schon in seinem Elternhaus gelebt hatten. Besonders wichtig wurde ihm der Yoga-Weg als Anleitung zu seiner inneren Entwicklung. Dabei ging es ihm nicht nur darum, durch Meditation sein Bewusstsein zu erweitern und auf den geistigen Hintergrund der Welt zu lenken, sondern vor allem um die rechte Form des Handelns: Er wollte lernen, sein Tun von den Idealen der Selbstlosigkeit und Gerechtigkeit bestimmen zu lassen und nicht von der Fixierung auf eigenen Nutzen und Erfolg. Gandhi schrieb in einem Kommentar zur Gita: «Grübelt man über das Ergebnis nach, verliert man leicht die Nerven bei der Erfüllung seiner Pflicht. Der Mensch wird ungeduldig, lässt seinem Ärger freien Lauf und beginnt unwürdige Dinge zu tun. Er handelt ständig, aber ohne Zielsetzung. Ein Mensch, der sich über das Ergebnis seines Handelns Gedanken macht, macht sich zum Spielball der Sinne. Er wird ständig abgelenkt und verliert mit der Zeit alle Skrupel. Es ist ihm jedes Mittel recht, wenn es nur dazu beiträgt, sein Ziel zu erreichen.»[189] In der Beschäftigung mit der Bhagavad-Gita fand Gandhi einen geistigen Stern, an dem er sein Leben orientieren konnte. Doch beschränkte er sich nicht auf die Auseinandersetzung mit der Religiosität Indiens, vielmehr las er auch die Bibel. Dabei entdeckte er Verse, die ihn in ihrer Radikalität begeisterten: «Ich aber sage euch, dass ihr dem Übel nicht widerstehen sollt; sondern so dir jemand einen Streich gibt auf die rechte Backe, so biete ihm auch die linke dar. Und so dir jemand deinen Rock nimmt, so lass ihm auch den Mantel.» Diese Christus-Worte mit ihrem Gebot der Nächsten-, ja, der Feindesliebe prägten sich ihm tief ein, sie wurden später zur Grundlage seiner politischen Aktionen.

Zunächst jedoch hatte sich Gandhi auf sein Jura-Studium zu konzentrieren; er schaffte es, in dem geplanten Zeitraum die Prüfungen abzulegen, und wurde am 10. Juni 1891 als Rechtsanwalt zugelassen. Zwei Tage später bestieg er das Schiff zur Heimreise.

Die erste Nachricht, die Gandhi in Indien erhielt, war die vom Tod seiner Mutter; sie berührte ihn tief, hatte er doch mit ihr den Menschen verloren, dem er sich innerlich am nächsten fühlte. Mit ihrem Tod war Gandhi noch stärker auf sich selbst zurückgeworfen, und es galt nun zunächst, für seine Frau Kasturbai, ihren gemeinsamen, inzwischen vierjährigen Sohn Harilal und sich selbst den Lebensunterhalt zu verdienen. Doch bei seinen ersten Auftritten als Rechtsanwalt scheiterte Gandhi kläglich. In Bombay wurde ihm ein kleiner Fall übertragen. Als er jedoch im Gerichtssaal seinen Mandanten verteidigen sollte, konnte er vor Schüchternheit buchstäblich kein Wort herausbringen und musste das Plädoyer einem seiner Kollegen überlassen. Allerdings zeigte er sich nicht ungeschickt beim Abfassen von Bittschriften, Bewerbungen und Gutachten in schriftlichen Verhandlungen. Daher meldete er sich, als eine Firma aus Porbandar für ihre Zweigstelle in Südafrika einen Rechtsbeistand suchte; der Arbeitsvertrag galt für ein Jahr.

Gegen Rassenvorurteile in Südafrika

Gandhi war kaum in Afrika, als er in einen Vorfall verwickelt wurde, der für sein weiteres Leben richtungsweisend war. Wegen einer Gerichtsverhandlung musste er nach Pretoria fahren. Er entschloss sich, den Nachtzug zu nehmen, kaufte ein Billet 1. Klasse und bestieg den Zug, wie gewöhnlich als englischer Gentleman gekleidet. Gegen neun Uhr abends stieg ein Weißer zu, sah den «farbigen» Mitreisenden und ging weiter, um kurz darauf mit zwei Bahnbeamten zurückzukehren. Sie forderten Gandhi auf, in den Gepäckwagen umzusteigen, und drohten, Polizei zu holen. Gandhi aber verwies auf seine Fahrkarte und weigerte sich. Was dann geschah, hat Gandhi wie folgt geschildert: «Der Polizist kam. Er ergriff mich bei der Hand und warf mich hinaus. Auch mein Gepäck wurde hinausbefördert. Ich lehnte es ab, den Gepäckwagen zu besteigen, und der Zug fuhr ab. Ich ging in den Warteraum und setzte mich hin. Meinen Handkoffer hatte ich mitgebracht und das übrige Gepäck dort gelassen, wo es war. Die Eisenbahnbeamten hatten es in ihre Obhut genommen.

Es war Winter, und der Winter ist in den höchsten Regionen Südafrikas sehr kalt. Da Maritzburg recht hoch liegt, war die Kälte sehr empfindlich. Mein Mantel befand sich in meinem Gepäck, aber ich wagte nicht, ihn zu verlangen, aus Furcht, erneut beschimpft zu werden. So saß ich da und zitterte. Es war keine Beleuchtung im Warteraum. Ungefähr um Mitternacht kam ein Passagier herein. Vielleicht hatte er den Wunsch, sich mit mir zu unterhalten; doch mir war nicht nach einer Unterhaltung zumute. Ich begann, darüber nachzudenken, was ich tun müsse. Sollte ich für mein Recht kämpfen oder nach Indien zurückgehen, oder sollte ich nach Pretoria weiterfahren, ohne mich um die Beleidigungen zu kümmern, und nach Beendigung des Prozesses nach Indien zurückkehren?»[190] Gandhi entschloss sich zu bleiben und zu kämpfen; in der Nacht von Maritzburg begann er darüber nachzudenken, wie er zum David werden konnte, der sich gegen den Goliath der Rassendiskriminierung auflehnt – nicht nur für sich, sondern auch für die übrigen Inder Südafrikas.

Dabei lagen die Wurzeln für die Unterdrückung tief. Seit 1860 waren Inder als Vertragsarbeiter nach Südafrika gekommen, um auf den Kaffee-, Zucker- und Teeplantagen der Briten zu arbeiten. Die Kontraktzeit belief sich auf fünf Jahre. Danach stand es den indischen Arbeitern frei, sich in Natal niederzulassen und Landbesitz zu erwerben. Durch ihre Tüchtigkeit brachten sie die Landwirtschaft voran: Sie bauten Gemüse an, führten neue Sorten ein und verbilligten die Preise. Bald kamen auch indische Kaufleute ins Land; ihre wirtschaftlichen Erfolge missfielen den Weißen. Je mehr die Zahl der Inder wuchs – im Jahre 1896 lebten rund 51.000 Inder, 400.000 Schwarze und 50.000 Weiße in der Provinz Natal –, umso mehr wurden sie als Bedrohung erlebt. Mit drastischen Gesetzen versuchte die britische Oberschicht, ihren Einfluss zurückzudrängen: Wer länger als fünf Jahre blieb, wurde zum Sklaven auf Lebenszeit, wenn er nicht eine für die meisten Inder unerschwingliche Steuer zahlen konnte. Auch schränkte man ihre Bewegungsfreiheit ein: In der Provinz Natal hatte ein Inder seinen Pass mit sich zu führen, wenn er sich nach neun Uhr abends auf der Straße aufhielt. In den Gemeinden anderer Bezirke Südafrikas war es Indern verboten, auf dem Bürgersteig zu gehen.

Gandhi war nicht gewillt, seine eigene Unterdrückung und die seiner Landsleute, die von den Weißen geringschätzig als «Kulis» bezeichnet wurden, länger hinzunehmen. Wenige Tage nach dem Vorfall von Maritzburg berief er eine Versammlung der in Pretoria lebenden Inder ein und hielt seine erste Rede gegen die Rassendiskriminierung – der Zorn half ihm, seine Schüchternheit zu überwinden. Bald war eine Interessenvertretung der Inder, der «Natal Indian Congress», gegründet, erste Protestaktionen liefen an, das gemeinsame Bewusstsein wuchs. Als Rechtsanwalt setzte sich Gandhi nach der Erfüllung des Firmenvertrages nun für die Belange der Kontraktarbeiter ein. Als er nach drei Jahren erkannte, dass er Südafrika so schnell nicht würde verlassen können, entschloss er sich, seine Frau, seinen Sohn Harilal und seinen zweiten Sohn Manilal, der am 28. Oktober 1892 geboren worden war, zu sich zu holen. Er benutzte die Gelegenheit, um in Indien durch Reden und Flugschriften auf die schwierige Lage seiner Landsleute hinzuweisen. Durch Presseberichte verzerrt und durch Schlagzeilen aufgebauscht, sickerte manches von dieser öffentlichen Tätigkeit nach Afrika durch; als Gandhi zurückkehrte und sein Schiff zusammen mit einem zweiten mit insgesamt achthundert Passagieren an Bord in Durban anlegte, war die Atmosphäre mehr als angespannt; man warf ihm vor, das Land mit unerwünschten Indern zu überfluten. Als Gandhi an Land ging, griff ihn die aufgebrachte Menge an und bewarf ihn mit Steinen, Ziegeln und Eiern. Sein Turban wurde ihm vom Kopf gerissen, er wurde geschlagen und gestoßen. Der Schmerz machte ihn fast bewusstlos, nur mühsam hielt er sich am Eisengitter eines Hauses aufrecht. In diesem Augenblick kam die Frau des Polizeipräsidenten vorbei. Geistesgegenwärtig spannte sie ihren Regenschirm auf und stellte sich zwischen die rasende Menge und ihr Opfer. Blutend und zerschunden brachte man Gandhi in das Haus eines befreundeten Inders, in dem seine Frau und seine Kinder auch schon Zuflucht gefunden hatten. Doch der aufgebrachte Mob wollte Blut sehen, man grölte: «Hängt den alten Gandhi an den sauren Apfelbaum!» Einige begannen mit Vorbereitungen, einen Brand zu legen. Im letzten Moment schickte der herbeigeeilte Polizeiinspektor zwei Beamte ins Haus. Gandhi wurde in eine Uniform gesteckt; durch das Nachbarhaus gelang die Flucht.

Als die Nachricht von dem gerade noch vereitelten Lynchversuch an Gandhi London erreichte, forderte der damalige Staatssekretär für die Kolonien, Joseph Chamberlain, die Regierung von Natal auf, die Schuldigen vor Gericht zu stellen. Doch Gandhi, der einige der Angreifer persönlich kannte, weigerte sich, Namen zu nennen. Nicht Einzelne trügen die Schuld, sondern die Gesellschaft und die Regierung, die sie aufgehetzt habe. Diese Haltung Gandhis trug viel dazu bei, die Lage zu beruhigen. Auch stellte er später, während des Burenkrieges (1899) und des Zulu-Aufstandes (1906), ein Korps von freiwilligen indischen Sanitätern auf; in Notzeiten wollte er bewusst die britische Herrschaft stützen, weil er sie damals noch für gottgewollt hielt. Doch die Hoffnung, damit der Gleichberechtigung der Inder näher zu kommen, trog. Im Gegenteil: Neue Schwierigkeiten und Diskriminierungen zeichneten sich ab.

In dieser Zeit vollzog sich ein tiefgreifender Wandel in Gandhis Lebensführung. Immer stärker rumorte es in ihm. War es eigentlich richtig, dass er die weiße Welt imitierte und sich europäisch kleidete, war es richtig, dass er durch seine Rechtsanwaltspraxis ein stattliches Einkommen von 5.000 bis 6.000 Pfund im Jahr hatte und eine moderne Villa im besten Stadtviertel von Durban bewohnte?

Als Gandhi im Jahre 1903 einmal abends von Johannesburg nach Durban reiste, lieh ihm ein Mitarbeiter das Buch *Unto this last* von dem englischen Sozialreformer John Ruskin. Gandhi las die Schrift in einem Zug. Ruskins Sätze über die soziale Gerechtigkeit trafen ihn mitten ins Herz: Der Reiche solle sich immer daran erinnern, dass das, was der eine hat, der andere nicht haben kann. Er solle daher jeden Luxus vermeiden, bis auch der Ärmste genug hat. Gandhi zögerte nicht, Konsequenzen aus diesen Worten zu ziehen. Spontan kaufte er für tausend Pfund etwa hundert Morgen Land in der Nähe von Phoenix in Natal – es sollte der Ort sein, wo er mit seiner Familie und seinen Mitarbeitern das Ideal vom einfachen Leben und einer Gemeinschaft von Gleichberechtigten leben konnte. Das Land war die reinste Wüste, und es kostete erhebliche Anstrengungen, sie urbar zu machen und das Notwendigste für den Lebensunterhalt herauszuholen. Jeder Siedler erhielt drei Morgen Land und eine Hütte. Neben der Arbeit am Boden übernahm er noch die Verpflichtung, bei dem Druck der Wochenzeitschrift *Indian Opinion* mitzuhelfen, die Gandhi kurz vor dem Umzug zur Phoenix-Farm begründet hatte und für die er selbst Beiträge schrieb.

Mit der Hinwendung zum naturnahen, einfachen Leben betrat Gandhi ein erstes soziales Experimentierfeld, das für sein späteres Wirken in Indien entscheidend wurde; ein zweites eröffnete sich ihm bei der Suche nach einer angemessenen Methode des politischen Kampfes. Auch hier gingen die entscheidenden Anregungen von einem Buch aus. Im Jahre 1908 wurde Gandhi bei einer Kampagne gegen die Diskriminierung der Inder mehrfach festgenommen. Im Gefängnis hatte er endlich Zeit zu lesen. Dabei traf er auf die Schrift *Über die Pflicht zum Ungehorsam gegen den Staat* des amerikanischen Dichters Henry David Thoreau, der sich 1849 gegen die Sklaverei aufgelehnt und gefordert hatte, eher dem eigenen Gewissen als den Gesetzen zu folgen. Dabei vertrat er die Überzeugung, dass eine bis zur Selbstaufgabe entschlossene Minderheit eine Mehrheit zur Besinnung bringen könne: «Eines weiß ich gewiss: Wenn tausend, hundert, zehn Leute, die ich mit Namen nennen könnte, wenn nur zehn ehrenwerte menschliche Wesen, wenn nur ein Ehrenmann im Staat von Massachusetts aufhören würde, Sklaven zu halten, und seine Beteiligung (an der Regierung) kündigen und ins Landesgefängnis eingeliefert werden würde, dann würde das das Ende der Sklaverei in Amerika bedeuten. Es ist dabei gar nicht von Bedeutung, wie klein der Anfang sein mag. Was gut getan wird, besteht für immer. Aber wir sprechen ja nur darüber ...»[191]

Diese Sätze waren Gandhi so sehr aus dem Herzen gesprochen, dass er die Wortprägung «ziviler Ungehorsam» (civil desobedience) als Beschreibung der Methode der politischen Auseinandersetzung übernahm, um sich den englischen Lesern verständlich zu machen: Man musste bereit sein, aus moralischen Gründen Gesetze zu übertreten und ins Gefängnis zu gehen!

Eine Bestätigung dieser Einsichten fand Gandhi bei der Lektüre eines dritten Buches, *Das Reich Gottes ist in euch* von Leo Tolstoi, es berührte ihn so sehr, dass er eine zweite, von ihm begründete Gemeinschaft die «Tolstoi-Farm» taufte. Dieser russische Graf, als Schriftsteller erfolgreich und weltberühmt, hatte auf allen Luxus verzichtet, um das Los der armen russischen Bauern zu teilen: Er ging barfuß, trug einen einfachen Kittel, säte, pflügte und eggte mit ihnen. Ein Christ, so Tolstoi, «greift nie an und wendet auch nie Gewalt an; im Gegenteil, er leidet selbst ... Er befreit sich selbst allein durch seine Einstellung zum Bösen und trägt dadurch dazu bei, die Welt insgesamt von aller äußeren Autorität zu befreien.»[192] Mit dieser Forderung nach Gewaltlosigkeit war eine dritte Seite dessen angesprochen, was schon in Gandhis Seele ruhte: Das Prinzip der Gewaltlosigkeit wurde neben der Suche nach einer einfachen und gerechten Lebensform und der Bereitschaft zum zivilen Ungehorsam zum Grundpfeiler seines weiteren Wirkens. Gandhi fasste alle drei Facetten seiner Überzeugung in dem Sanskrit-Wort «Satyagraha» zusammen. «Satya» bedeutete Wahrheit und Liebe, «Agraha» ist Stärke und Kraft. «Satyagraha» meint also Stärke, die aus Wahrheit, Liebe und Gewaltlosigkeit entsteht. «Satyagraha», schrieb Gandhi, «ist die Verteidigung der Wahrheit, nicht indem man dem Gegner Leiden aufbürdet, sondern sich selbst.»[193] Durch Geduld und Sympathie soll an das Gewissen des Gegners appelliert werden, das Ziel ist, ihn zu überzeugen, nicht ihn zu überwinden und zu erniedrigen.

Es ist bezeichnend für Gandhi, dass er diese Anschauungen nicht im Elfenbeinturm des Theoretikers ausbildete, sondern mitten im politischen Kampf. Ab dem Jahre 1906 verschärften die südafrikanischen Behörden die Diskriminierung der Inder: Ein Gesetz forderte die Zwangsregistrierung aller Asiaten, dazu sollten alle zehn Fingerabdrücke genommen werden. Gandhi rief zum Widerstand auf. Prompt wurde er mit 154 Mitkämpfern festgenommen. Doch es dauerte nicht lange, da kam ein Abgeordneter seines politischen Gegners, General Smuts, ins Gefängnis mit dem Angebot, das diskriminierende Gesetz zu widerrufen, falls die Inder sich freiwillig registrieren lassen würden. Gandhi ging auf diesen Vorschlag ein, obwohl viele seiner Mitarbeiter ihn warnten. «Was wäre, wenn Smuts sein Wort nicht halten würde?», gaben sie zu bedenken. «Ein Satyagrahi» antwortete Gandhi, «sagt der Furcht Lebewohl. Selbst wenn der Gegenspieler zwanzigmal mit falschen Karten spielt, ist der Satyagrahi bereit, ihm auch beim einundzwanzigsten Mal zu trauen. Denn ein unerschütterliches Vertrauen in die menschliche Natur ist die Grundlage seines Glaubens.»[194]

Dieser Glaube sollte auf eine harte Probe gestellt werden. Denn nachdem Gandhi seine Landsleute aufgefordert hatte, sich registrieren zu lassen, und selbst mit gutem Beispiel vorangegangen war, weigerte sich Smuts zum Entsetzen Gandhis, das Gesetz zurückzunehmen. Gandhi rief erneut zum «Satyagraha» auf. Bei einer großen Demonstration in Johannesburg verbrannten über zweitausend Inder ihre Registrierausweise. Weitere Schritte folgten: Hunderte von Indern überschritten die Grenze zwischen den Provinzen Natal und Transvaal und setzten sich damit über das Einwanderungsverbot hinweg; sie wurden festgenommen und mit Gefängnisstrafen zwischen einem und drei Monaten belegt. Bald darauf, als die Regierung die indische Form der Eheschließung für ungültig erklärte, flammte der Konflikt erneut auf. Dieses Mal folgten 2.037 Männer, 127 Frauen und 57 Kinder dem Ruf Gandhis und überschritten die verbotene Grenze; an die 50.000 Kontraktarbeiter solidarisierten sich und traten in den Streik, Tausende kamen ins Gefängnis. Die Nachricht von den Unruhen drang nach Indien und England, es gab internationale Proteste. Die südafrikanische Regierung sah sich genötigt einzulenken, sie entließ Gandhi aus dem Gefängnis, und Smuts lud zu Verhandlungen ein. Wieder warnten befreundete Inder und erinnerten an das gebrochene Versprechen von 1908. Gandhi aber antwortete mit dem Sprichwort: «Versöhnlichkeit ist die Zierde des Mutigen.» Und dieses Mal hatte er wirklich Erfolg: Smuts stand zu den ausgehandelten Verabredungen. Sie bedeuteten einen Sieg für die indische Sache: Hindu-, Moslem- und Parsen-Ehen wurden als rechtsgültig erklärt. Die Steuer, die indische Kontraktarbeiter zu leisten hatten, wenn sie nach Ablauf ihrer Vertragszeit in Südafrika verbleiben wollten, wurde abgeschafft. Vom Jahre 1920 an sollte es keine Kontraktarbeiter aus Indien mehr geben. Freie Inder könnten jedoch weiterhin einreisen, und ihre Familien könnten ihnen nachfolgen. Damit war Gandhis Aufgabe in Südafrika beendet. Über London kehrte er in die Heimat zurück.

Es erscheint sinnvoll, die Darstellung zunächst nur bis zu diesem Punkt zu führen, um Gelegenheit zu geben, im Unterrichtsgespräch die Persönlichkeit Gandhis zu charakterisieren und, an einem nächsten Tag, seine Ideen und Aktionsformen zu reflektieren. Was fällt an der Kindheit und Jugend auf? Gandhi war weder ein intellektueller Überflieger noch in anderen Bereichen besonders begabt, wohl aber zeichnete er sich durch ein empfindliches Gewissen aus, das in der Lebenseinstellung der Mutter und in den Lehren der Bhagavad-Gita sowie – etwas später – des Neuen Testaments Nahrung fand. Offenbar war es die Sensibilität für diese innere Gewissensstimme, die ihn die Unmenschlichkeit der Rassendiskriminierung nicht einfach hinnehmen ließ und die ihm den Mut gab, sich gegen die Unterdrückung seiner Landsleute in Südafrika zu stemmen. Denn wie anders lässt sich erklären, dass Gandhi, der ja zunächst zu schüchtern war, um bei einer Gerichtsverhandlung zu reden, zu einem polititschen Führer wurde, der ganz selbstverständlich vor Tausenden das Wort ergriff? Nicht Begabungen machten aus ihm die Persönlichkeit, die er später war, sondern die Hingabe an ein Ideal. Was aber ist ein Ideal? Ein Ideal ist eine Idee, über die man nicht nur redet, sondern mit der man sich in aller Konsequenz, bis zum Handeln, verbindet. Diese Verbindlichkeit lässt sich an Gandhi studieren. Was ihm einleuchtete, setzte er in die Praxis um: die Idee vom einfachen Leben, den zivilen Ungehorsam, die Gewaltlosigkeit. Dabei wird zunächst erstaunen, dass Gandhi mit diesen Methoden politisch erfolgreich war. Woran lag das? War in Südafrika nur eine besonders günstige Konstellation gegeben, weil Gandhi mit General Smuts auf einen Gegner traf, der ihn respektierte und letztlich verstand? Lassen sich gewaltfreie Aktionsformen auch in anderen Situationen anwenden? Das Bewegen solcher Fragestellungen richtet die Aufmerksamkeit auf die nachfolgenden Ereignisse in Indien.

Satyagraha in Indien

Als Gandhi am 9. Januar 1915 in Bombay ankam, wurde er von einer jubelnden Menschenmenge als Mahatma (Große Seele) begrüßt und gefeiert. Man erwartete von ihm Unterstützung im Kampf um die indische Unabhängigkeit.

Denn die Herrschaft Englands wurde zunehmend in Frage gestellt. Schon im Jahre 1885 hatten indische Politiker den «Indischen Nationalkongress» begründet, eine Partei, welche die politische und gesellschaftliche Gleichstellung der Inder und ein nationales indisches Parlament forderte. Nach und nach hatten die Engländer Zugeständnisse gemacht: Sie ließen höhere indische Beamte im Rat des Vizekönigs, in den Räten der Provinzen und in den Stadtverwaltungen zu. Beim Ausbruch des 1. Weltkrieges 1914 stand Indien trotz aller Gegensätze eindeutig auf der Seite Englands, es stellte insgesamt 1,2 Millionen Soldaten und Arbeiter auf den verschiedenen Kriegsschauplätzen. Mit der Fortdauer des Krieges begann das Land allerdings allmählich unruhiger zu werden. Die englische Herrschaft sollte verschwinden.

Für Gandhi war das Ziel nationaler Unabhängigkeit von vornherein mit dem religiöser Befriedung und sozialer Befreiung verbunden. Indien sollte ein Land werden, in dem sich die Religionsgemeinschaften respektierten und in dem auch die Armen menschenwürdig leben konnten. Wie schon in Südafrika wollte er über solche Ziele nicht nur reden, sondern sie vorleben; er suchte daher einen Platz, wo er eine ähnliche Gemeinschaft wie auf der Phoenix- und dann auf der Tolstoi-Farm aufbauen konnte.

Gandhi fand diesen Ort am Ufer des Sabarmati, direkt gegenüber der übervölkerten Stadt Ahmedabad mit den hässlichen Schornsteinen ihrer Textilfabriken. Hier begründete er am 20. Mai 1915 den Satyagraha-Ashram, er sollte eine Schulungsstätte seiner Mitarbeiter und zum Modell für die zukünftige Gesellschaftsordnung Indiens werden. Im alten Indien waren Ashrams religiöse Zufluchtsorte für Mönche, die sich von der Welt absonderten. Gandhis Gemeinschaft dagegen war eng mit der Welt verbunden, sollte sie doch einen praktischen, für alle gangbaren Weg zeigen, die drängenden Probleme Indiens zu lösen. Die zunächst dreißig, später über zweihundert Mitglieder lebten in niedrigen, weiß getünchten Hütten. Feldarbeit, Spinnen und Handweben waren Pflicht, galt es doch, für Nahrung und Kleidung selbst zu sorgen und damit von der englischen Kolonialmacht unabhängig zu werden. Schüler wurden im Ashram vom vierten Lebensjahr an zugelassen. Sie erhielten eine sorgfältige, zehnjährige Ausbildung in Landwirtschaft, Handarbeit, verschiedenen indischen Sprachen und Religion. Später, als Studenten, wurden sie einmal im Jahr auf eine dreimonatige Wanderung durch Indien geschickt, um das Leben des einfachen Volkes kennen zu lernen und die Ideen von wirtschaftlicher Selbstgenügsamkeit und Gewaltlosigkeit zu verbreiten sowie in die Praxis des Spinnens und Webens einzuführen. Gandhi hat später darauf bestanden, dass das Spinnrad als Symbol der Selbst-

Abb. 14: Mahatma Gandhi (1869 – 1948).

regierung in die indische Flagge aufgenommen wurde; die wirtschaftliche Unabhängigkeit erschien ihm als Voraussetzung der politischen. Er unterstrich diese Anschauung dadurch, dass er selbst seine Kleidung änderte und vom September 1921 an nur noch ein handgewebtes Lendentuch und einen wärmenden Umhang trug. Er solidarisierte sich damit mit den Ärmsten Indiens.

Der Satyagraha-Ashram, in dem Gandhi ein Zimmer von der Größe einer Gefängniszelle bewohnte, wurde durch seine Ausstrahlung mehr und mehr zum Keim der indischen Freiheitsbewegung. Denn auch Gandhi selbst war unermüdlich auf dem Lande unterwegs, um für seine Anschauungen zu werben. Dabei wandte er sich vehement gegen die unwürdige Behandlung der «Unberührbaren», die außerhalb der Kastenordnung der Hindugesellschaft standen, und gegen den religiösen Hass zwischen Hindus und Moslems. Denn solange unter den Indern keine Einigkeit und Brüderlichkeit herrsche, sei die nationale Unabhängigkeit weder zu erreichen noch zu erhoffen.

Gegen Ende des 1. Weltkrieges rumorte es an vielen Orten Indiens. Man hatte gehofft, nun für die Unterstützung Englands während der Kriegsjahre belohnt zu werden. Das Gegenteil aber war der Fall: Wer die indische Unabhängigkeit forderte, landete im Gefängnis, Demonstranten wurden brutal niedergeschossen. Gandhi, der zunächst auf eine friedliche Übereinkunft mit den Engländern gehofft hatte, musste einsehen, dass sie freiwillig ihre Macht nicht abgeben würden. Die Zeit des Handelns war gekommen.

Wie schon in Südafrika proklamierte Gandhi verschiedene Kampagnen des «zivilen Ungehorsams» und der «Nicht-Zusammenarbeit». Er organisierte einen Generalstreik und rief dazu auf, alle Titel und Ehrungen zurückzugeben und englische Waren, Schulen, Colleges, Gerichtshöfe und Behörden zu boykottieren; in einem Distrikt forderte er die Bevölkerung auf, in einen Steuerstreik zu treten. Doch der Hass auf die Engländer und die Bereitschaft zur Gewaltanwendung waren zu groß, als dass sie hätten unter Kontrolle gehalten werden können. Die Streikbewegungen waren von Plünderungen, Zerschneiden von Telegrafendrähten, Attacken auf Engländer begleitet. Am 8. Februar 1922 überfiel eine aufgebrachte Menge einen Polizeiposten und verbrannte 22 Polizisten im Rathaus, in das sie sich geflüchtet hatten. Solche Ereignisse schockierten Gandhi so sehr, dass er die Streikkampagne abbrach und sich selbst ein Sühnefasten auferlegte. Eine mit Blut erkaufte Unabhängigkeit wollte er nicht. Bei der Gerichtsverhandlung, die auf seine Festnahme folgte, bekannte er sich bereitwillig der Aufwiegelung gegen die britische Herrschaft für schuldig: «Ich bin hier …, um freudig die höchste Strafe anzunehmen, die mir auferlegt wird, dafür, was dem Buchstaben des Gesetzes nach ein vorsätzliches Verbrechen ist, das Gleiche, was mir aber als die höchste Pflicht erscheint.»[195] Der englische Richter verbeugte sich vor der moralischen Kraft des Angeklagten: «Ich kann nicht übersehen, dass Sie in den Augen von Millionen ihrer Mitbürger ein großer Patriot und Führer sind. Auch diejenigen, die politisch anders denken als Sie, erkennen Ihre hohen und edlen Ideale an und wissen um Ihre heilige Lebensführung.»[196] Dennoch sah er sich gezwungen, Gandhi zu sechs Jahren Gefängnis zu verurteilen. Viele Zuschauer weinten. Gandhi aber lächelte, als er abgeführt wurde. Es war nicht das letzte Mal, dass die Engländer Gandhi verhafteten, es war aber das letzte Mal, dass sie ihn vor Gericht stellten. Nach zwei Jahren Haft musste sich Gandhi wegen einer akuten Blinddarmentzündung einer Operation unterziehen, bald darauf wurde er aus Gesundheitsgründen aus dem Gefängnis entlassen. Die nächsten Jahre widmete sich Gandhi ganz der volkspädagogischen Aufgabe auf den Dörfern.

Das Salz der Freiheit

Nach einer vorübergehenden Beruhigung verschärften sich die Spannungen zwischen Indern und Engländern in den Jahren 1928 und 1929 erneut. Alles trieb auf eine entscheidende Auseinandersetzung zu. Nachdem sich in England eine konservative Regierung durchgesetzt und schon gegebene Zugeständnisse zurückgezogen hatte, verlangte der indische Kongress unter dem Vorsitz des 40-jährigen Freiheitskämpfers Jawaharlal Nehru einmütig die volle Unabhängigkeit und den Austritt aus dem Britischen Empire. Er ordnete zivilen Ungehorsam, Steuerstreik und die Niederlegung von Ämtern an; die Leitung der Kampagne wurde Gandhi übertragen. Angesichts der ungeheuren Erwartungen und der Verantwortung, die auf ihm ruhte, zog sich Gandhi in seinen Ashram zurück, um zu meditieren. Er zögerte, weil ihm das Blutvergießen bei vergangenen Aktionen in lebhafter Erinnerung war. Wie ließ sich eine Aktionsform finden, die wirksam war und gleichzeitig das Risiko von Gewaltausbrüchen verminderte? Sechs Wochen lang wartete Indien. Wieder einmal waren die Augen auf Gandhis Hütte gerichtet. Dann wusste er endlich, was zu tun war.

Er schrieb einen Brief an den Vizekönig, in dem er Verhandlungen anbot und gleichzeitig gewaltfreie Aktionen ankündigte, wenn es nicht zu Gesprächen kommen sollte: «Nur organisierte Gewaltlosigkeit kann es mit der organisierten Gewalt der englischen Regierung aufnehmen … Diese Gewaltlosigkeit wird in zivilem Ungehorsam ihren Ausdruck finden … Mein Ehrgeiz geht nur dahin, das englische Volk durch Gewaltlosigkeit davon zu überzeugen, dass man dem indischen Volk Unrecht antut …»[197] Dieses Unrecht wird in dem Brief eingehend und drastisch dargelegt: Durch ein System planmäßiger Ausbeutung und durch eine ruinös teure Militär- und Zivilverwaltung habe die britische Herrschaft Millionen Inder an den Bettelstab gebracht. «Nehmen Sie Ihr eigenes Gehalt», heißt es, unmittelbar an den Vizekönig gewandt, «es beträgt mehr als 21.000 Rupien im Monat neben manchen anderen indirekten Bezügen … Sie bekommen über 700 Rupien am Tag gegenüber dem indischen täglichen Durchschnittseinkommen von weniger als zwei Annas. So bekommen Sie über 5.000 Mal mehr als Indiens Durchschnittseinkommen beträgt … Auf den Knien bitte ich Sie, diese Tatsache zu erwägen. Ich habe ein persönliches Beispiel gewählt, um eine peinliche Wahrheit einzuprägen. Meine Hochachtung vor Ihnen als Mensch ist viel zu hoch, als dass ich den Wunsch hätte, Ihre Gefühle zu verletzen. Ich weiß, dass Sie Ihr Gehalt nicht brauchen. Wahrscheinlich verwenden Sie es zur Gänze für wohltätige Zwecke. Aber ein System, das solche Einrichtungen vorsieht, verdient es, insgesamt verschrottet zu werden. Was für das Gehalt des Vizekönigs gilt, gilt für die ganze Verwaltung …»

Selbst vor den Ärmsten schrecke die gnadenlose Ausbeutung nicht zurück; England beanspruche das Monopol der Salzgewinnung, und es werde eine Salzsteuer erhoben, die den Ärmsten am härtesten treffe. Denn er habe im Jahr drei Tageseinkommen für das Salz aufzuwenden, zumal er einen höheren Salzbedarf als die Reichen habe, die nicht unter dörrender Sonne auf den Feldern zu arbeiten hätten. Genau an dieser unmittelbar einsehbaren Ungerechtigkeit setzt die Aktion an, die Gandhi nun ankündigt: «Wenn mein Brief keinen Eindruck auf Ihr Herz macht, dann werde ich mich am elften Tag dieses Monats mit den geeigneten Mitarbeitern aus meinem Ashram auf den Weg machen und das Salzgesetz übertreten … Ich weiß, es liegt bei Ihnen, meinen Plan zu vereiteln, indem Sie mich verhaften lassen. Ich hoffe, dass dann Zehntausende bereit sein werden, in aller Diszipliniertheit meinem Beispiel zu folgen.»

Lord Irwin antwortete nicht, aber er ließ Gandhi auch nicht verhaften. Je näher der 11. März kam, umso mehr stieg die Spannung im ganzen Land. Was würde Gandhi tun? Die Weltpresse hatte sich in Ahmedabad niedergelassen, Telegramme aus aller Welt trafen ein, Tausende hatten um den Sabarmati-Ashram ihr Lager aufgeschlagen. Der angekündigte Tag verging, und der 12. März 1930 begann wie jeder andere Tag mit den Morgengebeten. Dann machte sich Gandhi mit 78 Männern aus seinem Ashram, deren Personaldaten vorher in der Zeitung «Young India» veröffentlicht worden waren, auf den Weg, südwärts dem Meer entgegen. 24 Tage lang dauerte ihr Marsch, etwa zwölf Meilen täglich wanderten sie. Jedes Dorf entlang der Route war festlich geschmückt. Die Bauern besprengten den Weg mit Wasser, um den Staub zu binden, und bestreuten ihn mit Blättern. Zwei- bis dreimal täglich wurde eine Pause eingelegt und zu den Versammelten gesprochen. Gewöhnlich begleiteten dann die Dorfbewohner die Salzpilger weiter bis zur nächsten Ansiedlung, zudem kamen aus ganz Indien junge Männer und Frauen hinzu. Wie eine Lawine wuchs der Zug an; als sie das Meer erreichten, war aus der kleinen Schar eine gewaltlose Armee von mehreren tausend Menschen geworden. Immer deutlicher zeigte sich die Genialität von Gandhis Plan, denn durch die stetig wachsende Spannung waren die Augen der Weltöffentlichkeit auf die symbolische Handlung gelenkt, die er nun, am Meer angekommen, vollzog: In aller Frühe tauchte er in das Wasser und hob dann am Strand etwas Salz auf, das die Wellen angeschwemmt hatten. Das war ein

Vergehen, denn man durfte nur Salz in den monopolisierten Regierungsläden kaufen. Der Funke dieser bewussten Gesetzesübertretung sprang auf ganz Indien über. Überall an der langen Meeresküste und in den zahllosen Buchten wateten nun Bauern mit Pfannen ins Wasser und bereiteten sich das Salz selbst. Auf dem Dach des Kongressgebäudes in Bombay wurden Salzpfannen aufgestellt, bis die Polizei das Haus stürmte. Die Gefängnisse füllten sich mit 60.000 Gesetzesbrechern. Auch führende Kongressmitglieder, darunter Jawaharlal Nehru, wurden verhaftet. Ganz Indien brodelte in zorniger, aber friedlicher Revolte. Denn man wusste aus Erfahrung, dass Gandhi bei Gewalttätigkeiten die Aktion abbrechen würde. Er selbst wurde am 4. Mai, knapp einen Monat nach seiner Gesetzesübertretung, festgenommen. Kurz zuvor hatte er eine weitere Aktion angekündigt, die nun an seiner Stelle die Dichterin Mrs. Sarojini Naidu anführte: die gewaltlose Besetzung der Darshana-Salzwerke bei Surat, 150 Meilen nördlich von Bombay. Eine Gruppe von 2.500 Freiwilligen nahm daran teil; sie marschierten auf das Salzwerk zu, dessen große Salzpfannen von Gräben und Stacheldrahtzäunen umgeben waren. Webb Miller, Korrespondent der United Press, berichtete: «In vollständigem Schweigen marschierten die Gandhi-Leute auf und hielten etwa hundert Yards von der Einfriedung entfernt. Eine ausgewählte Schar löste sich aus der Menge, watete durch den Graben und näherte sich dem Stacheldrahtzaun ... Plötzlich ein Kommando, und Haufen von indischen Polizisten stürzten sich auf die herandrängenden Demonstranten und ließen Schläge mit ihren stahlbeschlagenen Lathis auf ihre Köpfe regnen. Nicht einer der Demonstranten erhob auch nur einen Arm, um die Schläge abzuwehren. Sie fielen um wie Kegel. Dort, wo ich stand, hörte ich die krankmachenden Schläge der Keulen auf ungeschützte Schädel. Die wartende Menge stöhnte und zog bei jedem Schlag den Atem ein in leidendem Mitgefühl. Die Niedergeschlagenen fielen mit ausgebreiteten Armen hin, bewusstlos oder sich krümmend mit gebrochenen Schädeln oder Schultern ... Da gab es keinen Kampf, kein Handgemenge, die Demonstranten marschierten einfach vorwärts, bis sie niedergeschlagen wurden.»[198]

Das dauerte stundenlang, das dauerte tagelang. In diesem Satyagraha verlor England in den Augen der Weltöffentlichkeit sein Gesicht. Die Ereignisse machten klar, dass die Kolonialmacht nicht als Vertreter von fairem Handeln angesehen werden konnte, sondern als Unterdrücker auftrat. Die Inder, die sich zusammenschlagen ließen, zeigten, dass sie in ihrem Kampf unbesiegbar waren: Wer sich selbst so beherrschen konnte, der war auch zur Selbstregierung fähig. Die Konsequenzen zeigten sich bald: Lord Irwin, der Vizekönig, dessen Verwaltung durch den zivilen Ungehorsam und den Steuerstreik nahezu lahmgelegt war, sah sich genötigt, Gandhi, Nehru und andere führende Kongressabgeordnete freizulassen, er erklärte sich außerdem zu Verhandlungen bereit. Das erste Treffen zwischen Gandhi und dem Vizekönig fand am 17. Februar 1931 statt und dauerte drei Stunden und vierzig Minuten. Winston Churchill, der spätere englische Premierminister, hat durchschaut, was damals geschah, als er zornig schrieb, er sei entsetzt über das «Übelkeit erregende und erniedrigende Schaustück dieses Inner-Temple-Rechtsanwalts, eines jetzt aufsässigen Fakirs, wie er halbnackt die Stufen zum Palast des Vizekönigs hinaufsteigt, um dort gleichgestellt mit dem Vertreter des Königs Verhandlungen zu führen.»[199] In der Tat: Gandhi kam nicht als Untertan, sondern als Gleichgestellter; hier verhandelten die Vertreter der englischen und der indischen Nation, als ob Indien seine Unabhängigkeit bereits erreicht hätte.

Weitere Gespräche folgten, sie führten schließlich zum so genannten Delhi-Vertrag: Die Bewegung des zivilen Ungehorsams würde eingestellt werden, die Gefangenen entlassen, Salzherstellung sollte an der Küste erlaubt sein, bei Beratungen über die weitere Entwicklung Indiens sollte die Stimme des Kongresses gehört werden. Äußerlich gesehen war das wenig: Die Frage der Unabhängigkeit Indiens wurde nicht einmal erwähnt. Dennoch war es ein erster Schritt auf einem langen Weg, der nicht ohne Rückschläge verlief, aber schließlich, nach dem 2. Weltkrieg, am 15. August 1947, kurz vor Gandhis 78. Geburtstag, zur völligen Unabhängigkeit Indiens führte.

Gegen den Hass

Gandhi jedoch konnte sich über diesen Sieg nicht freuen, war er doch teuer erkauft. Der Hass zwischen Hindus und Moslems war so stark, dass Britisch-Indien geteilt wurde und neben Indien der ebenfalls unabhängige moslemische Staat Pakistan entstand. Doch damit war das Problem nicht gelöst. In beiden Staaten richtete sich der Hass gegen die jeweiligen Minderheiten, ein Blutrausch war über Hunderttausende hereingebrochen, in den Grenzgebieten tobte der Bürgerkrieg. Millionen flohen aus Nordindien und Pakistan und umgekehrt. Einige Großstädte wurden gänzlich verheert, über 150 mittlere Ortschaften niedergebrannt. Gandhi konnte das Morden nicht länger ertragen. Am 13. Januar 1948 begann er ein totales Fasten und kündigte an, er wolle es erst beenden, wenn sich die verfeindeten Religionsgruppen ernsthaft um Frieden bemühten. Bei diesem Fasten kam Gandhi, durch vorangehende Reisen und unermüdliche Arbeit geschwächt, dem Tode nahe. Bald konnte er nicht mehr aufstehen, aber über den Rundfunk hörte man seine Stimme: «Kümmert euch nicht darum, was andere Leute tun. Jeder von uns sollte in sein Inneres sehen und sein Herz reinigen. Ich bin sicher, dass Ihr Indien durch diese Reinigung helft und meine Fastenzeit abkürzt.»[200]

Nach fünf Tagen hatte der Einfluss Gandhis über den religiösen Fanatismus gesiegt. Vertreter der verschiedenen Religionsgruppen erschienen an seinem Lager und versicherten schriftlich, dass sie die Streitigkeiten friedlich beilegen wollten. Einzelne Extremisten aber gaben keine Ruhe. Bei der Gebetsversammlung am nächsten Abend zerriss plötzlich der scharfe Knall einer Detonation die Stille. Eine selbst gebastelte Bombe war von einer nahe gelegenen Gartenmauer auf Gandhi geworfen worden, richtete aber keinen Schaden an. Gandhi nahm das Attentat auf die leichte Schulter: «Niemand soll den irregeleiteten jungen Mann, der die Bombe geworfen hat, verurteilen. Vielleicht sah er in mir einen Feind unseres Hindu-Glaubens.»[201]

In der Tat gehörte der Attentäter, Madan Lal, einer radikalen hinduistischen Gruppierung an, die in Gandhi wegen seiner Toleranz gegenüber den Moslems einen Verräter sah. Als sein Mordversuch gescheitert war, machte sich ein Mitverschwörer, Nathuram Vinayak Godse, ein 35-jähriger hochrangiger Brahmane, auf den Weg. Als Gandhi am 30. Januar 1948 wie gewöhnlich gegen fünf Uhr nachmittags zum Gebetsplatz ging, wo an die fünfhundert Menschen versammelt waren, drängte sich Godse nach vorn, verbeugte sich vor dem Mahatma, zog eine Pistole und schoss dreimal aus nächster Nähe. Das Lächeln, mit dem Gandhi die Versammlung begrüßt hatte, erstarb und seine Arme sanken herab, er murmelte: «He Rama! (Oh Gott!)» und war sofort tot.

Als sein Leichnam am nächsten Morgen bei den heiligen Wassern der Dschamna in der Nähe von Neu-Delhi nach dem traditionellen hinduistischen Ritual verbrannt wurde, waren fast eine Million Menschen versammelt. In der Nähe des Flusses hatte man einen Scheiterhaufen aus Steinen, Ziegeln und Erde errichtet; darauf waren lange, dünne, nach Weihrauch duftende Sandelhölzer geschichtet, auf denen die sterbliche Hülle Gandhis ruhte. Als das Holz entzündet wurde und die Flammen aufloderten, ging ein Aufschrei durch die Trauergemeinde: Die Welt hatte eine Persönlichkeit verloren, welche die Hoffnung auf eine menschenwürdige, gerechte und friedliche Zukunft verkörperte. Politiker, Wissenschaftler, Künstler und Vertreter der Religionen aus verschiedensten Ländern, unter ihnen die Präsidenten der USA und Frankreichs, der englische König, der Papst und der Dalai-Lama sandten Beileidsbotschaften. Der Sicherheitsrat der UNO unterbrach seine Sitzung zum Gedenken an Gandhi, und der englische Delegierte würdigte Gandhi als «Freund der Ärmsten, der Einsamsten und der Verlorenen» und erklärte: «Die großen Leistungen Gandhis werden erst in der Zukunft in ihrer ganzen Tragweite zur Geltung kommen.»[202]

Gewaltlosigkeit – Einheit von Mittel und Ziel

Die Reaktionen auf Gandhis Tod, besonders der Hinweis auf die Zukunftsbedeutung seines Handelns, können Ausgangspunkt von Fragestellungen sein, die für die weitere Behandlung im Unterricht fruchtbar sind. Worin bestanden die Leistungen Gandhis? Wie ist er zu seinen Erfolgen gekommen? Wie hat sein Vorbild weitergewirkt? Wo liegen die Grenzen seiner Auffassungen? Hat uns Gandhi heute noch etwas zu sagen? Gandhis große historische Leistung war zweifelsohne das Erreichen der Unabhängigkeit Indiens ohne kriegerische Auseinandersetzung; es ist ihm gelungen, einen dritten Weg zwischen Gewaltanwendung und feigem Zurückweichen vor dem Unrecht zu gehen. Dabei hat er als Erster theoretisch und praktisch eine Vielzahl von Methoden gewaltfreien Widerstands entwickelt und gezeigt, dass sie eine reale Alternative zum Bürgerkrieg darstellen.[203]

Protestaktionen etwa als erste Stufe der gewaltlosen Auseinandersetzung hat Gandhi auf vielfältige Weise durchgeführt: Er hat Zeitungsartikel geschrieben, er hat Kundgebungen organisiert, er hat zu Demonstrationen aufgerufen. Dabei musste er immer wieder erkennen, dass solche Aktionen zwar der Bewusstwerdung dienen, zumeist aber nicht ausreichen, um die Herrschenden zum Einlenken zu bewegen.

Er hat daher als Eskalation einer gewaltfreien Kampagne verschiedenste Formen der Nicht-Zusammenarbeit angewandt: den Verzicht auf Ehrentitel und Ehrenämter, die Einstellung der Rechtsanwaltstätigkeit, den Boykott staatlicher Schulen und den Boykott von Waren. Dabei ist durch die demonstrative Rückgabe von Orden und Titeln das Prestige der englischen Herrschaft in Indien wirksam untergraben worden; das Volk verlor die Achtung vor ihnen, und sie wurden in den Augen vieler zu Symbolen der Erniedrigung. Als besonders wirksam erwies sich auch der Schulboykott, wenn es gelang, nicht nur bei der

Verweigerung stehen zu bleiben, sondern den Schulbetrieb in die eigene Regie zu übernehmen, wie das beispielsweise von der Gandhi nahe stehenden Stadtverwaltung von Ahmedabad praktiziert wurde.

Die stärkste Waffe im gewaltlosen Kampf aber war zweifellos der zivile Ungehorsam. Die öffentlich angekündigte, massenhafte Übertretung von Gesetzen, wie sie wohl am eindrucksvollsten bei der Salzkampagne geschah, offenbarte die Ohnmacht staatlicher Gewaltmittel angesichts der moralischen Kraft der Gewaltlosen, die bereit waren, für ihre Ziele Leiden auf sich zu nehmen. Diese Bereitschaft zur freiwilligen Übernahme von Leiden ist die Grundlage der Gewaltlosigkeit, wie sie Gandhi verstand: «Leiden ist das Gesetz der menschlichen Wesen, Krieg ist das Gesetz des Dschungels. Aber Leiden ist unendlich mächtiger als das Gesetz des Dschungels, denn es bekehrt den Gegner und öffnet seine sonst verschlossenen Ohren der Stimme der Vernunft. Vielleicht hat niemand mehr Bittschriften aufgesetzt und mehr verlorene Prozesse übernommen als ich, und ich bin dabei zu dem fundamentalen Schluss gekommen: Wenn man wirklich etwas Wichtiges bewirken will, muss man nicht nur die Vernunft befriedigen, sondern zugleich das Herz rühren. Der Appell an die Vernunft ist mehr eine Kopfangelegenheit, doch die Rührung des Herzens geschieht durch Leiden. Das erschließt das innere Verständnis des Menschen. Leiden ist das Kennzeichen des Menschengeschlechts, nicht das Schwert.»[204] Eben diese Bereitschaft zur Selbstaufopferung für ein Ziel, das Gandhi vor seinem Gewissen als richtig erkannt hatte, war der Schlüssel zu seinem Erfolg.

Im weiteren Verlauf des 20. Jahrhunderts sind einzelne Methoden gewaltfreien Widerstands immer wieder angewandt worden, man denke etwa an die Protestaktionen der Studentenbewegung und die Boykottaktionen von Bürgerinitiativen, man denke an den zivilen Widerstand in der Tschechoslowakei 1968 gegen den Einmarsch russischer Truppen, man denke vor allem an die amerikanische Bürgerrechtsbewegung unter Führung von Martin Luther King. Dabei kann zu Recht gefragt werden, ob gewaltfreie Aktionsformen nicht ihre Grenze an einem Gegner finden, der zur brutalen Vernichtung ganzer Volksgruppen und Völker bereit ist, wie das etwa bei Adolf Hitler der Fall war.[205] Andererseits hängt die Errichtung eines despotischen Regimes auch immer von der Kollaboration der Bevölkerung ab. Insofern appelliert Gewaltlosigkeit an das Gewissen jedes Einzelnen. Ist er bereit, sich für Freiheit, Gerechtigkeit und Solidarität einzusetzen – notfalls unter Lebensgefahr?

Die Größe von Gandhi wird deutlich, wenn man ihn mit einer Gestalt wie

Lenin vergleicht. Lenin strebte in Anlehnung an die Revolutionstheorie von Karl Marx nach der Erringung der staatlichen Macht in dem utopischen Glauben, durch die Umgestaltung der Produktionsverhältnisse werde eine kommunistische Gesellschaft und eine neue, brüderliche Menschheit entstehen. Das Gegenteil war der Fall: Nachdem die staatliche Macht mit Gewalt errungen war, musste sie mit allen Mitteln, bis hin zum Terror, verteidigt werden – und es entstand nach Lenins Tod unter Stalin eine der schlimmsten Diktaturen der Weltgeschichte.

Gandhi hat niemals an ein Nacheinander von staatlicher, ökonomischer und menschlicher Befreiung geglaubt, sondern immer die Auffassung vertreten, es gelte schon im Rahmen der alten Ordnung neue Gemeinschaftsformen zu erproben. Denn Gewaltlosigkeit war für ihn mehr als eine Methode politischer Auseinandersetzung, es war der umfassende Versuch, in der Wahrheit und Liebe zu leben. Damit aber war unmittelbar zu beginnen, wenn man politische Freiheit anstrebte. Denn: «Die Mittel kann man mit dem Samen vergleichen, das Ziel mit dem Baum, und der Zusammenhang zwischen Mittel und Ziel ist genauso notwendig wie der zwischen Samen und Baum.»[206] Diese Erkenntnis des Zusammenhangs von Zweck und Mittel schließt eine zweite ein: Wer Revolutionen machen will, sollte auch bereit sein, an der Veränderung des eigenen Selbst zu arbeiten.

Hinweise auf Quellen

Q 1 Die gesellschaftliche Ordnung des Inkareichs
(Vgl. etwa: J. Wassermann, *Das Gold von Caxamalca*, Reclam: Stuttgart 1953, Universal-Bibliothek Nr. 6300, S. 12.)

Q 2 Die Schlossanlage von Versailles
(In: *Fragen an die Geschichte*, hrsg. von H. D. Schmid, Bd. 3, Cornelsen: Berlin ^{4}1981, S. 19.)

Q 3 Die Haltung des Adels bei der Messe
(In: ebd., S. 20.)

Q 4 Aus Montesquieus «Der Geist der Gesetze»
(In: ebd., S. 149.)

Q 5 Aus Rousseaus «Gesellschaftsvertrag»
(In: ebd., S. 149 f.)

Q 6 Beschwerden der Bauern
(In: *Unsere Geschichte*, hrsg. v. W. Denner u. a., Bd. 2: *Vom Beginn der Neuzeit bis zum Ende des 19. Jahrhunderts,* Diesterweg: Frankfurt a. M. 1985, S. 144.)

Q 7 Verschwendung am Hof und in der Adelsgesellschaft
(In: ebd., S. ~~145~~.) 114

Q 8 Karikaturen zur Ständegesellschaft und einer möglichen neuen Ordnung
(In: ebd., S. ~~142~~.) 111

Q 9 Erklärung der Menschen- und Bürgerrechte
(In: ebd., S. ~~152~~.) 121

Q 10 Die Verfassung von 1791
(In: ebenda, S. ~~154~~) 123

Q 11 Karikatur mit den Grundsätzen des revolutionären Staates
(In: ebd., S. 154.)

Q 12 Was ist ein Sansculotte?
(Zeitgenössische Charakterisierung, in: ebd. S. 160.)

Q 13 Ein Sansculotte. Zeitgenössisches Gemälde
(In: ebd., S. 160.)

Q 14 Wirtschaftliche und soziale Maßnahmen des Konvents (unter Druck der radikalen Jakobiner) und des Wohlfahrtsausschusses
(In: *Fragen an die Geschichte*, Bd. 3, a.a.O., S. 161.)

Q 15 Die Terrorgesetze vom 10. Juni 1794
(In: ebd., S. 163.)

Q 16 Erklärung der Frauenrechte
(In: S. Petersen, *Marktweiber und Amazonen. Frauen in der Französischen Revolution,* Köln 1987, S. 92.)

Q 17 Antifeministische Brandrede des Pariser Ratsvorsitzenden Chaumette
(In: *Geschichte lernen*, 1. Jg., Heft 6, November 1988, S. 37; vgl. auch S. 63.)

Q 18 Karikatur auf die Unterdrückung der Rede- und Pressefreiheit
(In: *Unsere Geschichte*, Bd. 2, a.a.O., S. 187.)

Q 19 Rede Ph. J. Siebenpfeiffers auf dem Hambacher Fest
(In: ebd., S. 191.)

Q 20 Zeitgenössischer Bericht über den Weberaufstand in Schlesien
(In: ebd., S. 192.)

Q 21 Aus dem kommunistischen Manifest
(In: ebd., S. 242.)

Q 22 Das Bismarckdenkmal in Hamburg und eine Karikatur aus dem «Kladderadatsch»
(In: ebd., S. 255.)

Q 23 Baronin Spitzemberg zur Reichsgründung, 1871
(In: ebd., S. 208.)

Q 24 Gustav Heinemann zur Reichsgründung, 1871
(In: ebd., S. 208.)

Q 25 Karikatur aus dem »Simplizissimus» zum Wettrüsten zur See zwischen England und Deutschland

(In: *Unsere Geschichte*, Bd. 3, hrsg. v. W. Hug u. a., *Von der Zeit des Imperialismus bis zur Gegenwart,* Diesterweg: Frankfurt a. M. ²1991, S. 29.)

Q 26 Lied aus einem «Demokratischen Liederbuch» von 1898 zum deutschen Kolonialismus in Afrika
(In: ebd., S. 13 f.)

Q 27 Brief eines 19-jährigen Soldaten vom 21. August 1916
(In: ebd., S. 38.)

Q 28 Aus einer Informationsbroschüre über die Rassenlehre
(In: ebd., S. 157 f.)

Q 29 Heiratsannoncen aus dem *Völkischen Beobachter* und den *Münchner Neuesten Nachrichten*
(In: ebd., S. 158.)

Q 30 Seite aus einem Bilderbuch für deutsche Kinder, in dem die Juden – «tempo, tempo» – aufgefordert werden, Deutschland zu verlassen
(In: ebd., S. 157.)

Q 31 Hitler auf einer Wahlkundgebung im Sudetenland am 2.12.1938
(In: ebd., S. 154 f.)

Q 32 Nationalsozialistischer Schulalltag
Winter, Leben im «Dritten Reich», Freiburg 1982, S. 48 f., in: ebd., S. 156.)

Q 33 Baldur von Schirach. Der Kinderfreund
(eine Lesebuchgeschichte, die Hitler als Freund der Kinder zeigt)
L. Mosse, *Der nationalsozialistische Alltag*, Königstein 1978, S. 303 f., in: ebd., S. 156.)

Q 34 Tischgebet in einer Kindergruppe in Köln für den Führer
(In: ebd., S. 157.)

Q 35 Bericht eines japanischen Arztes nach dem Abwurf der Atombombe auf Hiroshima
(In: ebd., S. 209.)

Literaturangaben

Die Angaben enthalten eine kleine Auswahl wissenschaftlicher Werke wie auch historischer Romane (HR) und Jugendbücher (JB), die sich für den Aufbau von Darstellungsteilen eignen; nicht alle Titel sind aktuell im Buchhandel erhältlich. Für die Vorbereitung des Unterrichts bieten die Texte und Quellensammlungen der diversen Schulbuchverlage eine sinnvolle Ergänzung.

Überblicke:

K. Heyer, *Studienmaterialien zur Geschichte des Abendlandes*, Bd. VI – VIII, Stuttgart.

G. Mann u. A. Heuss (Hrsg.), *Propyläen Weltgeschichte,* Bd. VIII – X, Frankfurt am Main / Berlin 1960.

R. Steiner, *Geschichtliche Symptomatologie,* GA 185, Dornach 1942.

Stielow (Hrsg.), *Bilder aus der Weltgeschichte,* Heft 8 bis 17, Frankfurt am Main 1975.

O. Zierer, *Bild der Jahrhunderte,* 21 Bde., Murnau 1952. (Anregend zum Aufbau von Darstellungsteilen, da Zierer dramatisch zu erzählen weiß – allerdings z. T. auf Kosten der historischen Fakten. Daher ist Vorsicht beim Gebrauch geboten.)

S. Zweig, *Sternstunden der Menschheit,* Frankfurt am Main 1964.

Die Französische Revolution:

G. Chaussinand-Nogaret, *Mirabeau,* Stuttgart 1988.

L. Doormann, *Ein Feuer brennt in mir. Die Lebensgeschichte der Olympe de Gouges,* Weinheim und Basel 1993.

F. Furet, D. Richet, U.F. Müller, *Die Französische Revolution,* Frankfurt am Main [5]1997.

M. Gallo, *Robespierre,* Stuttgart 1989.

G. Holmsten, *Voltaire in Selbstzeugnissen und Bilddokumenten,* Reinbek 1972.

G. Holmsten, *Jean-Jacques Rousseau in Selbstzeugnissen und Bilddokumenten,* Reinbek 1997.

G. Pernoud und S. Flaissier, *Die Französische Revolution in Augenzeugenberichten,* dtv 2702, München 1976.
S. Petersen, *Marktweiber und Amazonen. Frauen in der Französischen Revolution,* Köln 1987.
R. Riemeck, *1789. Heroischer Aufbruch und Herrschaft des Schreckens,* Stuttgart 1988.
F. Sieburg, *Robespierre. Eine Biografie,* Frankfurt am Main 1988 (HR).
M. Vovelle, Die *Französische Revolution. Soziale Bewegung und Umbruch der Mentalitäten,* Frankfurt am Main 1985.
C. Wethekam, *Tignasse. Kind der Revolution,* Stuttgart 1972/dtv Junior 7388 (JB).
C. Wethekam, *Mamie 1780 – 1784,* Stuttgart 1975/dtv Junior 7409 (JB).
S. Zweig, *Marie Antoinette. Eine Biografie,* Frankfurt am Main 1980 (HR).
S. Zweig, *Joseph Fouché,* Frankfurt am Main 1974 (HR).

Deutsche Geschichte des 19. Jahrhunderts:

W. Blumenberg, *Karl Marx in Selbstzeugnissen und Bilddokumenten,* Reinbek 1982.
Stephan Born / H.J. Schütz (Hrsg.), *Erinnerungen eines Achtundvierzigers,* Berlin u.a. 1978.
E. Everwyn, *Für fremde Kaiser und kein Vaterland,* Würzburg 1995 (JB).
L. Gall, *Bismarck. Der weiße Revolutionär,* Frankfurt am Main u.a. 1980.
L. Gall, *Bürgertum in Deutschland,* Berlin 1989.
G. Hauptmann, *Die Weber,* Berlin 1996.
F. Hetmann, *Bettina und Achim. Die Geschichte einer Liebe,* Weinheim u. Basel 1982 (JB).
F. Hetmann, *Georg B. oder Büchner lief zweimal von Gießen nach Offenbach und zurück,* Weinheim und Basel 1981 (JB).
W. v. Humboldt, *Ideen zu einem Versuch, die Grenzen der Wirksamkeit des Staates zu bestimmen,* Stuttgart 1982.
H. Jessen (Hrsg.), *Die Deutsche Revolution 1848/49 in Augenzeugenberichten,* dtv 927, München 1976.
E. Johann, *Georg Büchner in Selbstzeugnissen und Bilddokumenten,* Reinbek 1989.
E. Kleßmann, *Napoleons Russlandfeldzug in Augenzeugenberichten,* dtv 2714, München 1982.
H. Kranz, *Der Weg in die Freiheit,* Würzburg 1969 (JB).
E. Larsen, *Zwölf, die die Welt veränderten,* Ebenhausen bei München 1957.
G. Lefebvre, *Napoleon,* Stuttgart 1989.
W. Mommsen, *Otto von Bismarck in Selbstzeugnissen und Bilddokumenten,* Hamburg 1966.
T. Nipperdey, *Deutsche Geschichte 1800 – 1866,* München 1982.
T. Nipperdey, *Deutsche Geschichte 1866 – 1918,* 2 Bde., München 1990 – 1992.
B. Nordmeyer, *Das Ich in seiner Verantwortung für die Welt. Zehn Lebensbilder einer Jahrhundertwende,* Stuttgart 1980.

F. M. Reuschle, *An der Grenze einer neuen Welt. Bettina von Arnims Botschaft vom freien Geist,* Stuttgart 1977.
F. Schiller, *Über die ästhetische Erziehung des Menschen,* Stuttgart 1965, Reclam-Universal-Bibliothek Nr. 8994.
U. Schulz (Hrsg.), *Die deutsche Arbeiterbewegung in Augenzeugenberichten,* dtv 2709, München 1981.
C. Zuckmayer, *Der Hauptmann von Köpenick,* Frankfurt am Main 1980.

Weltmachtstreben, Erster Weltkrieg und Russische Revolution:

W. Fährmann, *Zeit zu hassen, Zeit zu lieben,* Würzburg 1985.
S. Haffner, *1918/19. Eine deutsche Revolution,* Reinbek 1981.
F. Hetmann, *Rosa L. Die Geschichte der Rosa Luxemburg und ihrer Zeit,* Frankfurt am Main 1976.
Kordon, *Die Roten Matrosen oder: Ein vergessener Winter,* Weinheim 1985 (JB).
E.M. Remarque, *Im Westen nichts Neues,* Berlin 1929.
R. Riemeck, *Mitteleuropa. Bilanz eines Jahrhunderts,* Freiburg i. Br. ²1962.
A. Schmelzer, *Die Dreigliederungsbewegung 1919,* Stuttgart 1991.
G. Schöllgen, *Das Zeitalter des Imperialismus,* München ²1991.
H. Schulze, *Weimar. Deutschland 1917 bis 1933,* Berlin 1982.
A. Solschenyzin, *Lenin in Zürich,* München 1984 (HR).
H. Weber, *Lenin in Selbstzeugnissen und Bilddokumenten,* Reinbek 1970.
D. Wolkogonow, *Lenin. Utopie und Terror,* Düsseldorf 1996.
S. Zweig, *Die Welt von gestern,* Frankfurt am Main 1992 (HR).

Nationalsozialismus und Zweiter Weltkrieg:

H. Ahrendt, *Eichmann in Jerusalem,* München 1986.
A. Bullock, *Hitler und Stalin,* Berlin 1991.
A. Frank, *Das Tagebuch der Anne Frank,* Frankfurt am Main 1983.
E. Deuerlein, *Der Aufstieg der NSDAP in Augenzeugenberichten,* Düsseldorf 1968.
W. Fährmann, *Das Jahr der Wölfe,* Würzburg: Arena 1999 (JB).
J.C. Fest, *Hitler, 2 Bde.,* Frankfurt a. M. / Berlin / Wien 1973.
v.d. Grün, *Wie war das eigentlich? Kindheit und Jugend im Dritten Reich,* dtv 12098, München 1998 (JB).
S. Haffner, *Anmerkungen zu Hitler,* Frankfurt am Main 1981.
K. Heyer, *Wenn die Götter den Tempel verlassen,* Freiburg i. Br. 1997.
H. Höhne, *Der Orden unter dem Totenkopf. Die Geschichte der SS,* München 1984.

R. Jungk, *Heller als tausend Sonnen,* Reinbek 1964.
A. Kerr, *Als Hitler das rosa Kaninchen stahl,* Ravensburg 1998 (JB).
C. Lindenberg, *Die Technik des Bösen. Zur Vorgeschichte und Geschichte des Nationalsozialismus,* Stuttgart 1978.
J. Lusseyran, *Das wiedergefundene Licht,* Stuttgart 1994.
J. Schell, *Das Schicksal der Erde. Gefahr und Folgen eines Atomkriegs,* München und Zürich 1982.
I. Scholl, *Die weiße Rose,* Frankfurt am Main 1977.
A. Speer, *Erinnerungen,* Frankfurt am Main / Berlin / Wien 1969.
J. Tautz, *Der Eingriff des Widersachers. Fragen zum okkulten Aspekt des Nationalsozialismus,* Freiburg i. Br. 1976.
F. Theilen, *Die Edelweißpiraten,* Frankfurt am Main 1984.

Die zweite Hälfte des 20. Jahrhunderts:

S. Aust, *Der Baader-Meinhof-Komplex,* Reinbek 1988.
F. Baer, *Die Magermilchbande,* Frankfurt am Main 1997 (JB).
R. Dutschke, *Wir hatten ein barbarisch schönes Leben. Rudi Dutschke, eine Biografie,* Köln 1996.
W. Fährmann, *Kristina, vergiss nicht,* Würzburg 1995 (JB).
L. Fischer, *Gandhi. Prophet der Gewaltlosigkeit,* München 1983.
S. King, *Mein Leben mit M. L. King,* Frankfurt am Main 1970.
B. Klump, *Das rote Kloster. Eine deutsche Erziehung. Produktion der Machtelite in der DDR,* Hamburg 1978.
N. Mandela, *Der lange Weg zur Freiheit,* Frankfurt am Main 1994.
H. Rau, *Mahatma Gandhi in Selbstzeugnissen und Bilddokumenten,* Reinbek 1970.
K. Spink, *Mutter Teresa. Ein Leben für die Barmherzigkeit,* Bergisch Gladbach 1997.
G. Wallraff, *Industriereportagen,* Reinbek 1970.

Anmerkungen

1 Vgl. R. Schörken, *Historische Imagination und Geschichtsdidaktik,* Paderborn u. a. 1994, S. 130.

2 Vgl. Eugen Kaier (Hrsg.), *Grundzüge der Geschichte,* Bd. 3, Frankfurt am Main [9]1972, S. 6.

3 Vgl. Hippolyte Taine, *L'ancien régime,* Paris 1891, S. 134 ff.; vgl. auch O. Zierer, *Bild der Jahrhunderte,* Bd. 17, Murnau 1952, S. 16 ff.

4 Die Diskussion über verschiedene geschichtsmethodische Ansätze und ihr Verhältnis zur «symptomatologischen» Geschichtsbetrachtung Rudolf Steiners kann hier nur angedeutet werden; die Symptomatologie bildet den Hintergrund der Darstellung, wird aber nicht eigens thematisiert. Vgl. weiterführend dazu: R. Steiner, Anthroposophie und Geschichtswissenschaft, Vortrag vom 7.11.1917, und: Die Geschichte der Neuzeit im Lichte der geisteswissenschaftlichen Forschung, Vortrag vom 17.10.1918, in: *Die Ergänzung heutiger Wissenschaften durch Anthroposophie,* GA 73, Dornach [2]1987; R. Steiner, *Geschichtliche Symptomatologie. Neun Vorträge,* GA 185, Dornach [2]1962; R. Steiner, *Geschichtserkenntnis. Zur Symptomatologie der Geschichte,* hrsg. von C. Lindenberg, Stuttgart 1982, S. 145 ff.; J. Heisterkamp, *Weltgeschichte als Menschenkunde. Untersuchungen zur Geschichtsauffassung Rudolf Steiners,* Dornach 1989; A. Bartoniczek, *Imaginative Geschichtserkenntnis. Rudolf Steiners Hinführung zu einem verwandelten historischen Erkennen,* Manuskriptdruck.

5 Vgl. J. Gebser, *Ursprung und Gegenwart,* Stuttgart [2]1986, S. 38 ff.

6 Vgl. K. Jaspers, *Vom Ursprung und Ziel der Geschichte,* München 1949.

7 C. Lindenberg, Auf dem Wege zu einer geschichtlichen Symptomatologie, in: *Die Drei,* 7 – 8/1979, S. 409 f.

8 Vgl. dazu: R. Schörken, *Historische Imagination und Geschichtsdidaktik,* a.a.O. (Anm. 1), S. 117–127.

9 Ebd., S. 125.

10 R. Steiner, *Geisteswissenschaft als Erkenntnis der Grundimpulse sozialer Gestaltung,* GA 199, Dornach 1967, Vortrag vom 11.9.1920, S. 258; vgl. zum Folgenden auch: A. Schmelzer, *Erziehung in apokalyptischer Zeit,* Dornach 1996, S. 80 f., S. 94 f.

11 Ebd., S. 259.

12 Ebd., S. 258.

13 Vgl. dazu: A. Schmelzer, *Erziehung in apokalyptischer Zeit,* Dornach 1996, S. 116 f.

14 Vgl. R. Steiner, *Menschenerkenntnis und Unterrichtsgestaltung,* GA 302, Dornach [5]1986, Vortrag vom 14.6.1921.

15 H. v. Hentig, *Die Schule neu denken,* München / Wien 1993, S. 45.

16 Ebd., S. 42.
17 Vgl. dazu: S. Leber, Die Impulsierung der menschlichen Entwicklung und der neueren Geschichte aus der Sphäre des Schlafes, in: *Der Rhythmus von Schlafen und Wachen,* Stuttgart 1990, S. 9 f.
18 R. Steiner, a.a.O. (Anm. 14), Vortrag vom 14.6.1921.
19 Vgl. Q 3.
20 Vgl. Q 2.
21 E. Bloch, *Thomas Münzer,* Berlin 1976, S. 9.
22 I. Johanson, *Ich übe die Verteidigung. 37 Texte von Jugendlichen,* Stuttgart 1976.
23 Auch zum Folgenden: R. Steiner, a.a.O. (Anm. 14), Vortrag vom 16.6.1921.
24 Vgl. zum Folgenden auch: S. Leber, *Die Menschenkunde der Waldorfpädagogik. Anthropologische Grundlagen der Erziehung des Kindes und Jugendlichen,* Stuttgart 1993, S. 38 – 208.
25 Vgl. R. Steiner, a.a.O. (Anm. 14), Vortrag vom 16.6.1921.
26 Vgl. C. Lindenberg, *Geschichte lehren. Thematische Anregungen zum Lehrplan,* Stuttgart 1981.
27 R. Steiner, *Konferenzen mit den Lehrern der Freien Waldorfschule 1919 bis 1924,* GA 300 a–c, Dornach 1995, Bd. 1, 15.11.1920; Genaueres dazu in Kapitel 3.
28 R. Steiner, *Erziehung und Unterricht aus Menschenerkenntnis,* GA 302a, Dornach [4]1993, Vortrag vom 21.6.1922.
29 R. Steiner, a.a.O. (Anm. 27), Bd. 3, 24.4.1923.
30 Vgl. W. v. Soden, Sumer, Babylon und Hethiter bis zur Mitte des zweiten Jahrtausends v. Chr., in: *Propyläen Weltgeschichte,* hrsg. v. G. Mann und A. Heuss, Bd. I, 2, Frankfurt am Main, Berlin 1976, S. 534 ff.
31 R. Steiner, a.a.O. (Anm. 27), Bd. 3, 3.7.1923.
32 Die 13. Klasse mag von dieser Betrachtung ausgenommen sein, dient sie doch der unmittelbaren Vorbereitung der staatlichen Abschlussprüfungen, vgl. D. Esterl, *Welche Abschlüsse gibt es an Waldorfschulen?,* Stuttgart 1997.
33 R. Steiner, a.a.O. (Anm. 27), Bd. 3, 29.4.1924, 30.4.1924.
34 Vgl. R. Steiner, *Anthroposophische Menschenkunde und Pädagogik,* GA 304a, Dornach 1979.
35 R. Steiner, Lehrplan, 1. Vortrag, zit. nach: E. A. K. Stockmeyer, *Rudolf Steiners Lehrplan der Waldorfschule,* Stuttgart 1976, S. 163.
36 R. Steiner, a.a.O. (Anm. 27), Bd. 1, 15.11.1920.
37 Ebd., Bd. 3, 24.4.1923.
38 Vgl. C. Lindenberg, a.a.O. (Anm. 26).
39 Vgl. dazu die erzählende Darstellung von J. Wassermann, *Das Gold von Caxamalca,* Stuttgart 1953.
40 G. Chaussinand-Nogaret, *Mirabeau,* Stuttgart, 1988, S. 172 f.
41 F. Sieburg, *Robespierre. Eine Biografie,* Frankfurt am Main 1988, S. 250–256; vgl. auch: Max Gallo, *Robespierre,* Stuttgart 1989, S. 250 f.
42 Vgl. K. Heyer, *Die Französische Revolution und Napoleon,* Stuttgart 1983.
43 R. Steiner, *Geschichtliche Symptomatologie,* GA 185, Dornach [2]1962, Vortrag vom 19.10.1918.
44 Zitiert nach: F. Hassauer, Gleichberechtigung und Guillotine: Olympe de Gouges

und die feministische Menschenrechtserklärung der Französischen Revolution, in: A. G. Becher, U.J. Rüsen, *Weiblichkeit in geschichtlicher Perspektive,* Frankfurt am Main 1988, S. 261.

45 S. Petersen, *Marktweiber und Amazonen. Frauen in der Französischen Revolution,* Köln 1987, S. 92.

46 Zit. nach: W. Mommsen, *Otto von Bismarck in Selbstzeugnissen und Bilddokumenten,* Reinbek 1966, S. 50.

47 R. Steiner, a.a.O. (Anm. 43), Vortrag vom 25.10.1915, S. 95.

48 Zit. nach: B. Nordmeyer, *Das Ich in der Verantwortung für die Welt. Zehn Lebensbilder einer Jahrhundertwende,* Stuttgart 1980, S. 35.

49 F. M. Reuschle, *An der Grenze einer neuen Welt. Bettina von Arnims Botschaft vom freien Geist,* Stuttgart 1977.

50 E. Larsen, *Zwölf, die die Welt veränderten,* Ebenhausen bei München 1957, S. 55 bis 73; S. Born, *Erinnerungen eines Achtundvierzigers,* herausgegeben und eingeleitet von H. J. Schütz, Berlin u.a. 1978.

51 H. Kranz, *Der Weg in die Freiheit,* Würzburg 1969.

52 R. Riemeck, *1789. Heroischer Aufbruch und Herrschaft des Schreckens,* Stuttgart 1988, S. 10.

53 H. Weber, *Lenin,* Reinbek 1970, S. 39.

54 Vgl. S. Haffner, *1918/19. Eine deutsche Revolution,* Reinbek 1986.

55 F. Hetmann, *Rosa L. Die Geschichte der Rosa Luxemburg und ihrer Zeit,* Frankfurt am Main 1979.

56 Vgl. A. Schmelzer, *Die Dreigliederungsbewegung 1919. Rudolf Steiners Einsatz für den Selbstverwaltungsimpuls,* Stuttgart 1991.

57 Vgl. etwa: C. Lindenberg, *Die Technik des Bösen,* Stuttgart 1978; J. Tautz, *Der Eingriff des Widersachers,* Freiburg 1976.

58 M. Weber, *Politik als Beruf,* Berlin 1982, S. 66 f.

59 Vgl. A. Speer, *Erinnerungen,* Frankfurt am Main, Berlin, Wien 1969, S. 102 f.

60 Ebd., S. 105.

61 Ebd., S. 106.

62 J.C. Fest, *Hitler. Der Aufstieg,* Frankfurt am Main, Berlin, Wien 1973, S. 52.

63 Ebd., S. 456.

64 Ebd., S. 222.

65 Vgl. J. Tautz, a.a.O. (Anm. 57), S. 33 ff.

66 Zitiert nach J.C. Fest, a.a.O. (Anm. 62), S. 706.

67 Vgl. H. Arendt, *Eichmann in Jerusalem,* München 1986, S. 150, S. 294.

68 I. Scholl, *Die weiße Rose,* Frankfurt a. M. 1977; F. Theilen, *Edelweißpiraten,* Frankfurt am Main 1984.

69 R. Jungk, *Heller als tausend Sonnen,* Reinbek 1964.

70 Ebd., S. 186 ff.

71 B. Nordmeyer, *Zeitgewissen,* Stuttgart 1974, S. 23.

72 R. Jungk (Hrsg.), *Off limits für das Gewissen. Der Briefwechsel zwischen dem Hiroshima-Piloten Claude Eatherly und Günther Anders,* Reinbek 1961.

73 Ebd., S. 141.

74 *Erziehungskunst,* 9/1994, S. 821–823.

75 K. Adenauer, *Erinnerungen 1945–1953*, Frankfurt am Main 1967, S. 39 f.
76 W. Leonhard, *Die Revolution entlässt ihre Kinder*, Frankfurt am Main, Berlin 1984, S. 315 f.
77 Zit. nach: C. Lindenberg. *Vom geistigen Ursprung der Gegenwart. Studien zur Bewusstseinsgeschichte Mitteleuropas*, Stuttgart 1984.
78 B. Klump, *Das rote Kloster. Eine deutsche Erziehung. Produktion der Machtelite in der DDR*, Hamburg 1978.
79 Vgl. G. Wallraff, *Industriereportagen*, Reinbek 1970.
80 Vgl. die ersten Teile von S. Aust, *Der Baader-Meinhof-Komplex*, Hamburg 1988.
81 Vgl. zum Folgenden auch: G. Chaussinand-Nogaret, a.a.O. (Anm. 40), S. 32 ff.
82 Zitiert nach G. Chaussinand-Nogaret, ebd., S. 107.
83 Ebd., S. 107.
84 Ebd., S. 172.
85 J.F. Wittkop, *Graf Mirabeau*, München 1982, S. 358.
86 F. Furet, D. Richet, *Die Französische Revolution*, Frankfurt am Main 1987, S. 132.
87 G. Chaussinand-Nogaret, a.a.O. (Anm. 40), S. 127.
88 Vgl. dazu: ebd., S. 257 – 288.
89 Zit. nach: M. Gallo, *Robespierre*, Stuttgart 1989, S. 25.
90 Ebd., S. 29.
91 Zit. nach K. Heyer, *Die Französische Revolution und Napoleon*, 1953, S. 148.
92 Zit. nach F. Sieburg, a.a.O. (Anm. 41), S. 255; vgl. zum Folgenden auch: M. Gallo, a.a.O. (Anm. 89), S. 250 f.
93 M. Gallo, a.a.O. (Anm. 89), S. 103.
94 Ebd., S. 103.
95 Ebd., S. 37.
96 Ebd., S. 38.
97 Zit. nach ebd., S. 79.
98 F. Sieburg, a.a.O. (Anm. 41), S. 86.
99 M. Gallo, a.a.O. (Anm. 89), S. 126.
100 Brief vom 3.11.1793, in: *O. de Gouges, Schriften*, hrsg. von M. Dillier u.a., Basel, Frankfurt am Main 1989, S. 121 f.
101 L. Doormann, *Ein Feuer brennt in mir. Die Lebensgeschichte der Olympe de Gouges*, Weinheim, Basel 1993, S. 18.
102 Zit. nach: ebd., S. 32.
103 O. de Gouges, a.a.O. (Anm. 100), S. 20 f.
104 Ebd. S. 46 f.
105 Zit. nach: L. Doormann, a.a.O. (Anm. 101), S. 58 f.
106 Zit. nach: ebd., S. 87 f.
107 Zit. nach: ebd., S. 89.
108 Zit. nach: S. Petersen, a.a.O. (Anm. 45), S. 89.
109 Ebd., S. 89.
110 Ebd., S. 92.
111 Ebd., S. 93.
112 Zit. nach: L. Doormann, a.a.O. (Anm. 101), S. 110.
113 Zit. nach: ebd., S. 132.

114 Zit. nach: ebd., S. 133 f.
115 Zit. nach: ebd., S. 166 f.
116 *Geschichte lernen,* 1. Jg., Heft 6, November 1988, S. 37.
117 Zit. nach: ebd., S. 170.
118 H. Weber, a.a.O. (Anm. 53), S. 14 ff.
119 Ebd., S. 19.
120 Ebd., S. 36.
121 Ebd., S. 52; vgl. zur Vorbereitung der Revolution besonders: A. Solschenizyn, *Lenin in Zürich,* München 1984.
122 Ebd., S. 102.
123 S. Zweig, *Sternstunden der Menschheit,* Frankfurt am Main 1964, S. 179; zur Frage der Finanzierung Lenins durch deutsche Gelder vgl. D. Wolkogonow, *Lenin. Utopie und Terror,* Düsseldorf 1996, S. 123 ff.
124 H. Weber, a.a.O. (Anm. 53), S. 109.
125 Ebd., S. 109.
126 Ebd., S. 119 ff.
127 Zit. nach: J. Hoffmann, Die großen Krisen 1917 bis 1933, aus: *Bilder aus der Weltgeschichte,* Heft 14, Frankfurt am Main, Buch 6, S. 7.
128 Ebd., S. 7.
129 Ebd., S. 8.
130 L. Trotzki, *Mein Leben. Versuch einer Autobiografie,* Frankfurt a. M. 1974, S. 292.
131 J. Hoffmann, Die großen Krisen. 1917 bis 1933, a.a.O. (Anm. 127), S. 10 ff.
132 Zur Diskussion über die Frage, ob diese Schüsse, wie bisher angenommen, von Fanny Kaplan stammten, vgl. D. Wolkogonow, a.a.O. (Anm. 123), S. 234–249.
133 H. Weber, Lenin, a.a.O. (Anm. 53), S. 135 ff.
134 V. Gitermann, Die Russische Revolution, in: *Propyläen Weltgeschichte. Eine Universalgeschichte,* hrsg. von G. Mann und A. Reuss, Frankfurt am Main, Berlin, Wien 1960, S. 178.
135 Zit. nach: *Weltgeschichte im Aufriss,* Band III/1, Frankfurt am Main 1976, S. 154.
136 Vgl. D. Wolkogonow, a.a.O. (Anm. 123), S. 475 ff.
137 H. Weber, a.a.O. (Anm. 53), S. 132.
138 Ebd., S. 153.
139 Ebd., S. 154 ff.
140 Ebd., S. 156.
141 D. Wolkogonow, a.a.O. (Anm. 123), S. 479.
142 Zit. nach: H.D. Schmidt, *Fragen an die Geschichte,* Band IV, Frankfurt am Main, S. 127.
143 Zit. nach: ebd., S. 127
144 Vgl. S. Haffner, *1918/19. Eine deutsche Revolution,* Reinbek 1981, S. 63; vgl. zum Folgenden auch: A. Schmelzer, *Die Dreigliederungsbewegung 1919. Rudolf Steiners Einsatz für den Selbstverwaltungsimpuls,* Stuttgart 1991.
145 R.M. Rilke, *Briefe,* Wiesbaden 1950, S. 562 f.
146 Vgl. U. Conrads, *Programme und Manifeste zur Architektur des 20. Jahrhunderts,* Braunschweig, Wiesbaden 1981, S. 42.
147 F. Hetmann, a.a.O. (Anm. 55), S. 242.

148 H. Hirsch, *Rosa Luxemburg,* Reinbek 1969, S. 127 f.
149 E. Kolb, *Die Weimarer Republik,* München 1988, S. 6.
150 Vgl. C. Lindenberg, *Rudolf Steiner. Eine Chronik,* Stuttgart 1988, S. 344.
151 Zit. nach: J. Mücke, *Alwin Alfred Rudolf, Erinnerungen an Rudolf Steiner und seine Wirksamkeit an der Arbeiter-Bildungsschule in Berlin 1899 bis 1904,* Basel 1955, S. 14.
152 Vgl. die Darstellungen zur Französischen Revolution auf S. 35 ff.
153 Vgl. etwa: die Gespräche am 25. und 27. Januar in Dornach, teilweise abgedruckt in: Emil Molt, *Entwurf meiner Lebensbeschreibung,* Stuttgart 1972, S. 223–236.
154 Vgl. etwa: R. Steiner, *Die soziale Frage,* GA 328, Dornach 1977.
155 Vgl.: R. Steiner, *Die Kernpunkte der sozialen Frage in den Lebensnotwendigkeiten der Gegenwart und Zukunft,* GA 23, Dornach 1973.
156 Vgl. H. Hahn, *Der Weg, der mich führte,* Stuttgart 1969, S. 634.
157 Ebd., S. 673.
158 A. Schmelzer, a.a.O. (Anm. 144), S. 154.
159 Ebd., S. 155.
160 *Schwäbische Tagwacht,* 29.4.1919. Der Buchtitel lautet: *Die Kernpunkte der sozialen Frage,* GA 23.
161 Aus: *Nachrichten der Rudolf-Steiner-Nachlassverwaltung* (zit. NA), Nr. 27/28, Dornach 1969, S. 27.
162 Zit. nach: ebd., S. 13.
163 Ebd., S. 12.
164 Vgl. *Regionale und lokale Räteorganisationen in Württemberg 1918/19,* bearbeitet von E. Kolb und K. Schönhoven, Düsseldorf 1976; im Register finden sich Hinweise auf einige dieser Persönlichkeiten.
165 Zit. nach: C. Lindenberg, Der geschichtliche Ort der Dreigliederungsinitiative Rudolf Steiners. Eine historische Untersuchung der Jahre 1916–1921, in: *Die Drei,* 9 /1985, S. 661.
166 E. Molt, Rudolf Steiner, in: *Die Drei. Monatsschrift für Anthroposophie, Dreigliederung und Goetheanismus,* 5. Jg., 1–6 April 1925, S. 365.
167 E. Molt, *Entwurf meiner Lebensbeschreibung,* Stuttgart 1972, S. 231.
168 H. Hahn, a.a.O. (Anm. 156), S. 636.
169 Ebd., S. 655.
170 E. Molt, a.a.O. (Anm. 166), S. 367.
171 In: *Der Sozialdemokrat,* 22.7.1919; ebenso in verkürzter Form in: *Stuttgarter Neues Tagblatt,* 20.7.1919; *Schwäbische Tagwacht,* 26.7.1919, vgl. A. Schmelzer, a.a.O. (Anm. 144), S. 234 f.
172 H. Hahn, a.a.O. (Anm. 156), S. 696.
173 M. Krebs, *Ulrike Meinhof. Ein Leben im Widerspruch,* Reinbek 1988, S. 25.
174 Zit. nach: S. Aust, a.a.O. (Anm. 80), S. 42.
175 Ebd., S. 45, auch zum Folgenden: S. 49 ff.
176 Ebd., S. 67.
177 Ebd., S. 80.
178 Zit. nach: M. Krebs, a.a.O. (Anm. 173), S. 242.
179 Zit. nach: S. Aust, a.a.O. (Anm. 80), S. 64.
180 In diesem Sinne charakterisierte ihn beispielsweise der amerikanische Außenminister

Georg C. Marshall, in: L. Fischer, *Gandhi. Prophet der Gewaltlosigkeit*, München 1983, S. 10.

181 M. K. Gandhi, *Eine Autobiografie oder: Die Geschichte meiner Experimente mit der Wahrheit*, Gladenbach 1996, S. 16.

182 Ebd., S. 17.

183 Ebd., S. 17.

184 Ebd., S. 21.

185 Ebd., S. 28.

186 Ebd., S. 30.

187 Ebd., S. 31.

188 Ebd., S. 38.

189 Zit. nach: L. Fischer, a.a.O. (Anm. 180), S. 23 f.

190 M. K. Gandhi, (Anm. 181), S. 103 f.

191 Zit. nach: L. Fischer, a.a.O., (Anm. 180), S. 51.

192 Zit. nach: ebd., S. 52.

193 Zit. nach: ebd., S. 46.

194 Zit. nach: ebd., S. 48.

195 Zit. nach: ebd., S. 95.

196 Zit. nach: ebd, S. 96.

197 Zit. nach: ebd., S. 127, die folgenden Zitate finden sich an dieser Stelle.

198 Zit. nach: H. Rau, *Gandhi*, Reinbek 1970, S. 86 f.

199 L. Fischer, a.a.O. (Anm. 180), S. 135.

200 Zit. nach: ebd., S. 242.

201 Zit. nach: ebd., S. 246.

202 Zit. nach: ebd., S. 10.

203 Vgl. dazu: Th. Ebert, *Gewaltfreier Aufstand. Alternative zum Bürgerkrieg*, Frankfurt am Main 1970; Th. Ebert (Hrsg.), *Ziviler Widerstand. Fallstudien aus der innenpolitischen Friedens- und Konfliktforschung*, Düsseldorf 1970.

204 S. Kraus (Hrsg.), *Vom Geist des Mahatma. Ein Gandhi-Brevier*, Zürich 1957, S. 171 f.

205 Vgl. dazu den kritischen Brief von Martin Buber an Gandhi, der den Juden empfohlen hatte, die Methoden gewaltlosen Widerstands anzuwenden, in: H. Rau, *Gandhi*, a.a.O. (Anm. 198), S. 104 f.

206 M. K. Gandhi, Hind Swaraj or Indian home rule, zit. nach: Th. Ebert, *Gewaltfreier Aufstand*, a. a. O. (Anm. 203), S. 25.

«Menschenkunde und Erziehung»

Schriften der Pädagogischen Forschungsstelle
beim Bund der Freien Waldorfschulen

37
Walter Johannes Stein
Erziehungsaufgaben und Menschheitsgeschichte
Aus dem Englischen von Thomas Meyer.
94 Seiten, kartoniert

38
Erika Dühnfort
Der Sprachbau als Kunstwerk
Grammatik im Rahmen der Waldorfpädagogik
374 Seiten, gebunden

43
Christoph Lindenberg
Geschichte lehren
Thematische Anregungen zum Lehrplan.
217 Seiten, gebunden

49
Ernst Schuberth
Erziehung in einer Computergesellschaft
Datentechnik und die werdende Intelligenz des Menschen
320 Seiten, gebunden

54
Michael Martin (Hrsg.)
Der künstlerisch-handwerkliche Unterricht in der Waldorfschule
334 Seiten, gebunden

55
Erhard Fucke
Grundlinien einer Pädagogik des Jugendalters
Zur Lehrplankonzeption der Klassen 6 bis 10 an Waldorfschulen
216 Seiten, gebunden

Verlag Freies Geistesleben

«Menschenkunde und Erziehung»

Schriften der Pädagogischen Forschungsstelle
beim Bund der Freien Waldorfschulen

57
Heinrich Schirmer
Bildekräfte der Dichtung
Zum Literaturunterricht
in der Oberstufe
287 Seiten, gebunden

59
Johannes Kiersch
Fremdsprachen in der Waldorfschule
Rudolf Steiners Konzept eines ganzheitlichen Fremdsprachenunterrichts
241 Seiten, gebunden

61
Stefan Leber
Die Menschenkunde der Waldorfpädagogik
Anthropologische Grundlagen
der Erziehung des Kindes
und Jugendlichen
667 Seiten, gebunden

62
Christoph Göpfert (Hrsg.)
Jugend und Literatur
Anregungen zum Deutschunterricht.
317 Seiten, gebunden

72
Alain Denjean
Die Praxis des Fremdsprachenunterrichts an der Waldorfschule
208 Seiten, gebunden

79
Christoph Göpfert (Hrsg.)
Das lebendige Wesen der Erde
Zum Geographieunterricht
der Oberstufe
223 Seiten mit zahlreichen
z. T. farbigen Abbildungen,
gebunden

Verlag Freies Geistesleben